SHOU BA SHOU
JIAO NI
ZUO NA SHUI

45%
20%
12%
8%
9%
25%
35%
15%

手把手教你做纳税

陈梅桂◎编著

立信会计出版社
LIXIN ACCOUNTING PUBLISHING HOUSE

图书在版编目（CIP）数据

手把手教你做纳税 / 陈梅桂编著．—上海：立信会计出版社，2014.9
（工商智库丛书．财务技能自我提升）
ISBN 978-7-5429-4302-6

Ⅰ．①手…　Ⅱ．①陈…　Ⅲ．①企业管理－税收管理－中国
Ⅳ．①F812.423

中国版本图书馆 CIP 数据核字（2014）第 151907 号

策划编辑　蔡伟莉
责任编辑　赵志梅
封面设计　水玉银文化

手把手教你做纳税

出版发行　立信会计出版社
地　　址　上海市中山西路 2230 号　　邮政编码　200235
电　　话（021）64411389　　传　　真（021）64411325
网　　址　www.lixinaph.com　　电子邮箱　lxaph@sh163.net
网上书店　www.shlx.net　　电　　话（021）64411071
经　　销　各地新华书店

印　　刷　三河市祥达印刷包装有限公司
开　　本　710 毫米 ×1000 毫米　1/16
印　　张　19.75
字　　数　280 千字
版　　次　2014 年 9 月 第 1 版
印　　次　2014 年 9 月 第 1 次
书　　号　978-7-5429-4302-6/F
定　　价　39.80 元

SHOU BA SHOU
JIAO NI
ZUO NA SHUI

前 言

依法纳税是每一个企业的义务。任何企业，不管是否盈利，都不可避免地需要接触到纳税问题。

正确计算应纳税额是依法纳税的一个基础条件。企业所需要申报缴纳的税种很多，包括增值税、消费税、营业税、个人所得税（代扣代缴）、企业所得税、印花税、城市维护建设税和教育费附加等。对于与企业经营管理相关的这些税种，企业财务人员都必须清楚了解，按照相关的法律、法规据实，正确地计算企业当期应纳税额，既不能因为对税收法律、法规不熟悉而给企业增加不必要的税费开支，也不能为了眼前的利益而偷税、漏税，否则会受到法律的制裁。除了正确计算应纳税额，及时准确地进行纳税申报也是非常关键的，延时申报、少申报都是不允许的。

为了帮助广大财务人员全面了解各个主要税种，正确做好企业的纳税工作，我们编写了本书。本书从实际工作出发，依据最新的税收法律、法规和企业会计准则，对增值税、消费税、营业税、个人所得税（代扣代缴）、企业所得税、印花税、城市维护建设税和教育费附加等企业所需要经常面对的税种进行了全面解析，一步步教您如何正确计算企业应缴纳的各种税费，以及如何进行纳税。为了让读者更容易吸收掌握这些内容繁多的税务知识，本书在编写时注重实例讲解，通过具体的实例讲解各种不同情况的税务处理。

在本书的编写过程中，得到了范志德、陈信林、魏玉兰、陈信洪、杨国盛、张秀玲、林碧、许坤棋、巫许云、谢芬芬、曾建宇、王毅毅、郑春蕾、李海真、杨兴慧、陈红梅、胡宁、谢伯韬、陈丽华、陈永聪、谢雪墩、蔡巍、尚丰等人的支持和帮助，在此表示感谢。由于水平有限，书中难免有不足之处，恳请广大读者批评指正。

SHOU BA SHOU
JIAO NI
ZUO NA SHUI

目　录

04 营业税

05 城市维护建设税与教育费附加

06 个人所得税

07 企业所得税

08 其他主要税种

90%

0%

75%

15%

SHOU BA SHOU
JIAO NI
ZUO NA SHUI

60%

01
纳税基础

25%

58%

45%

36%

依法纳税是每个企业应尽的义务。任何一个企业在生产经营过程中，都应针对不同的纳税行为依法进行纳税申报，依法缴纳相应的税款。

第1节　税制

税收体系

我国现行税制是一个由多种税组成的复税制体系。

税种是“税收种类”的简称，是税收体系中基本的课税单元，不同的征税对象和纳税人是一个税种区别于另一个税种的主要标志，如对增值额征收的税种称为增值税，对所得额征收的税种称为所得税，对房产征收的税种称为房产税。构成一个税种的主要因素有征税对象、纳税人、税目、税率、纳税环节、纳税期限、缴纳方法、减税、免税及违章处理等。

1994年税制改革之后，我国的税种由37个缩减到目前的19个，其中由地方税务局机关征收的有12种，包括营业税、企业所得税、个人所得税、资源税、城镇土地使用税、房产税、城市维护建设税、耕地占用税、土地增值税、车船税、印花税、契税。

国税与地税

在我国，除了上海，其他地方的国税和地税都是分开的。

按照税收收入归属和征管管辖权限的不同，我国税收可以分为中央（收入）税和地方（收入）税，分别由国税系统和地税系统征收。

国家税务局征收的税种：增值税，消费税，铁道部门、金融、保险公司缴纳的部分营业税，企业所得税（铁道部门、各银行总行、各保险公司集中缴纳的所得税；中央企业缴纳的所得税；中央与地方所属企业、事业单位组成的联营企业、股份制企业缴纳的所得税；海洋石油企业缴纳的所得税；外商投资企业和外国企业所得税），储蓄存款利息所得个人所得税，证券交易印花税，海洋石油企业交纳的资源税，车辆购置税。

地方税务局征收的税种：除上述行业以外的营业税，地方国有企业、集体企业、私营企业缴纳的所得税，城市维护建设税，个人所得税，资源税，房产税，城市房地产税，土地增值税，城镇土地使用税，印花税，契税，车船税，屠宰税，筵席税。

无论是国税局的税收收入还是地税局的税收收入，大多数都是地方与中央共享税种。尤其是在“营改增”后，主体税种都变成央地共享税。

第 2 节　税务登记

什么是税务登记呢?

税务登记又称纳税登记，是税务机关对纳税人开业、变更、歇业以及生产经营等活动等情况进行的登记事项。税务登记是整个税收征收管理的首要环节，是税务机关对纳税人的基本情况及生产经营项目进行登记管理的一项基本制度，也是纳税人已经纳入税务机关监督管理的一项证明。通俗点来说，税务登记就是负有纳税义务的企业，先行到税务机关那里进行登记，以便税务机关日后进行监督管理。

根据法律、法规规定，具有应税收入、应税财产或应税行为的各类纳税人，都要依照有关规定去办理税务登记。如果没有办理税务登记，就会被税务机关处罚。

税务登记分为设立税务登记、变更税务登记和注销税务登记三种。

设立税务登记

大家都知道，新成立一家公司，需要办理营业执照。可是，很多人却不知道，除了营业执照，还有一份证件是企业必不可少的：税务登记证。

要取得税务登记证，首先必须进行设立税务登记。所谓“设立税务登记”，是指企业（包括企业在外地设立分支机构或从事生产、经营场所），个体工商户，从事生产、经营的事业单位，向生产、经营所在地税务机关申报办理税务登记。可以这么说，除国家机关、个人（自然人）和无固定生产、经营场所的流动性农村小商贩外，纳税人都应当申报办理税务登记。

（一）办理设立税务登记的时间要求

《中华人民共和国税收征收管理法》第十五条规定，企业，企业在外地设立的分支机构和从事生产、经营的场所，个体工商户和从事生产、经营的事业单位（以下我们都统称为从事生产、经营的纳税人）自领取营业执照之日起30日内，持有关证件，向税务机关申报办理税务登记。税务机关应当自收到申报之日起30日内审核并发给税务登记证件。

《中华人民共和国税收征收管理法实施细则》第十二条，从事生产、经营的纳税人应当自领取营业执照之日起30日内，向生产、经营地或者纳税义务发生地的主管税务机关申报办理税务登记，如实填写税务登记表，并按照税务机关的要求提供有关证件、资料。前款规定以外的纳税人，除国家机关和个人外，应当自纳税义务发生之日起30日内，持有关证件向所在地的主管税务机关申报办理税务登记。

也就是说，企业设立税务登记必须在领取营业执照之日起30日内办理，其他类型的设立税务登记必须在纳税义务发生之日起30日内办理。如果超过了30日，就会面临着税务处罚的危险。

实际工作中，在取得工商行政管理部门的工商营业执照（或民政部门核发的民办非企业单位登记证等其他职业许可）和质量技术监督部门的组织机构代码证后就应该办理税务登记了。

（二）要提供的资料

在办理设立税务登记时，各地税务机构所要求提供的证件、资料并不是完全一样的，大体上包括以下几种：

（1）工商营业执照副本或其他核准执业证件原件及其复印件。

（2）组织机构代码证书副本原件及其复印件。

（3）注册地址及生产、经营地址证明（产权证、租赁协议）原件及其复印件；如果是自有房产，要提供产权证或买卖契约等合法的产权证明原件及其复印件；如果是租赁的场所，要提供租赁协议原件及其复印件，出租人为自然人的还须提供产权证明的复印件，无房屋产权证的提供情况说明（例如街道办开具的住所使用证明复印件）；如果生产、经营地址与注册地址不一致的，还需要分别提供相应证明；如果是借用或无偿提供使用的，要提供相关使用证明。

（4）有关公司合同、章程、协议书复印件（“港、澳、台商企业常驻代表机构或者分支机构”和“外国企业”不需要提供此项）。

（5）有权机关出具的验资报告或评估报告原件及其复印件（外资企业除外）。

（6）法定代表人（负责人）居民身份证、护照或其他证明身份的合法证件原件及其复印件。

（7）纳税人跨县（市）设立的分支机构办理税务登记时，还须提供总机构的税务登记证（国、地税）副本复印件。

（8）改组改制企业还须提供有关改组改制的批文原件及其复印件。

（9）房屋产权证、土地使用证、机动车行驶证等证件的复印件。

上面这些所提供的资料原件用于税务机关审核，复印件留存税务机关。如果是国地税共管户，复印件要一式两份并加盖公章，分别送国税机关、地税机关留存；如果是地税单管户，那么复印件只要一式一份并加盖公章，报送地税机关留存就可以了。

（10）填写完整的《税务登记表》和《税种登记表》。《税务登记表》和《税种登记表》可以到税务机关领取，或者到当地税务机关网站上自行下载。

提示

纳税人在申报办理税务登记填写的《税务登记表》中，均需要填写“国标行业”栏；“国标行业”栏要按照纳税人实际从事的生产经营行业的主次顺序填写，其中第一个行业必须填写纳税人的主行业。

变更税务登记

在办理了税务登记事项之后，有些企业可能会因为某些情况，如变换了法人、变更了经营地址或银行账户，导致原先的税务登记内容发生变化。对于这种情况，企业要及时到税务机关办理变更税务登记。

根据税法规定，从事生产、经营的纳税人，在税务登记内容发生变化时，必须从工商行政管理机关办理变更登记之日起 30 日内，持相关证件向原税务登记机关申报办理变更税务登记的活动。纳税人税务登记内容发生变化的，按照规定不需要到工商行政管理机关及其他机关办理变更登记的，应当自发生变化之日起 30 日内，持相关证件向原税务登记机关申报办理变更税务登记。

办理变更税务登记时，首先要到税务机关领取《税务登记变更表》，或到主管税务局网站下载并填写完整，同时准备好下列相关资料。

1. 属于企业名称变更的

要提供变更后的营业执照（副本）有效复印件、组织机构统一代码证书（副本）复印件、工商变更名称通知书。

2. 属于地址变更的

要提供变更后的营业执照（副本）有效复印件、组织机构统一代码证书（副本）复印件、营业场所的产权证明、租赁协议、购房合同等复印件；（租赁合同还需提供出租方产权证明）。自有房屋的提供房屋产权证，租赁房屋的提供租房协议和出租方的房屋产权证复印件，无房屋产权证的提供情况说明，无偿使用的提供无偿使用证明（地址）。

3. 属于法人变更的

要提供变更后的营业执照（副本）有效复印件、组织机构统一代码证书（副本）复印件、法人身份证、护照或其他证明身份的合法证件复印件；单位或相关部门的任命通知书。

4. 属于注册资金、股东变更的

要提供变更后的营业执照（副本）有效复印件、更新后的验资报告原件（须验资机构盖章确认）、股东会议纪要（加盖公章）、新股东的营业执照（副本）有效复印件、税务登记证（国、地税）副本复印件或身份证（个人股东）复印件。

5. 属于经营范围变更的

要提供变更后的营业执照（副本）有效复印件、相关部门批准的批复。

6. 属于经营期限变更的

要提供变更后的营业执照（副本）有效复印件、相关部门批准的批复。

7. 属于财务、办税员变更的

要提供财务、办税员身份证复印件。

8. 属于总机构信息变更的

要提供总机构变更后的税务登记证副本复印件、营业执照副本复印件。

大家应该都发现了，不管是设立税务登记，还是变更税务登记，它的时限都是 30 日。在税务方面，千万不要掉以轻心，认为有空的时候再去办就可以了。这是不允许的，否则税务处罚通知书就会送到你手中了。

提示

如果纳税人的法人代表、财务部门负责人、财务联系人变动或电话号码变更，应及时办理变更登记。因为税务局通常以这些信息为基础，提供一些纳税服务措施。

注销税务登记

企业开业要办理税务登记，企业发生解散、破产、撤销等情形的，也要办理注销税务登记，而不能说破产了，不想经营了，把公司一关就了事。如果还有没缴清的税费，这样一走了之甚至可能会触犯法律。

根据税法规定，纳税人发生解散、破产、撤销以及其他情形，依法终止纳税义务的，应当在向工商行政管理机关或者其他机关办理注销登记前，自有关机关批准或者宣告终止之日起 15 日内，持有关证件向原税务登记机关申报办理注销税务登记。纳税人在办理注销税务登记前，还要先结清应纳税款、滞纳金、罚款，并缴销发票、税务登记证件和其他税务证件。

办理变更税务登记时，先要到税务机关领取《注销税务登记申请审批表》，或到主管税务局网站下载并填写完整，同时准备好下列相关资料：

（1）《税务登记证》正本和副本。

（2）上级主管部门批复文件或董事会决议及复印件。

（3）工商营业执照被吊销的应提交工商行政管理部门发出的吊销决定及复印件。

（4）已剪角的发票领购簿；防伪税控企业注销的，应收缴金税卡和IC卡。

（5）注销税务登记申请报告一份。

（6）清算报告（或会计师事务所代理清算资料）。

税务登记证

企业在办理了税务登记后，税务机关会发给企业两本税务登记证：一本是正本，一本是副本。税务登记证件正本要挂在公司里，以便税务机关检查。

大家都知道，机动车要上路，必须有车牌有行驶证。同样，企业要生产运营，也需要有营业执照，有税务登记证等相关证件。所以，税务登记证是非常重要的，要好好妥善保管。如果没有税务登记证，很多事情的办理都会受到限制。

《中华人民共和国税收征收管理法实施细则》规定，除按照规定不需要发给税务登记证件的外，纳税人办理下列事项时，必须持税务登记证件：

（1）开立银行账户。

（2）申请减税、免税、退税。

（3）申请办理延期申报、延期缴纳税款。

（4）领购发票。

（5）申请开具外出经营活动税收管理证明。

（6）办理停业、歇业。

（7）其他有关税务事项。

税务登记证那么重要，那如果丢了，该怎么办呢？《中华人民共和国税收征收管理法实施细则》规定，纳税人遗失税务登记证件的，应当在15日内书面报告主管税务机关，并登报声明作废。还有，税务登记证也是需要定期验证换证的，企业要根据规定的期限，到税务机关办理验证和换证手续。

第3节　纳税申报

在办理了税务登记之后，企业就要开始严格按照税法规定，向税务局申报纳税了。富兰克林说过“人一生有两件事不可避免，一是死亡，一是纳税”，从某一方面看，纳税已经成为现代人类的一种共有属性。

按教科书的定义，纳税申报是指纳税人、扣缴义务人（以下统称纳税人）在发生法定纳税义务时，按照国家税收法律规定的内容，在规定的期限内，以书面形式向税务机关报告应交税款信息的行为。其实，简单地概括成一句话，纳税申报就是自己计算每个月应交税款的金额，再报告给税务局的过程。

每个企业需要申报缴纳的税种有所不一样，申报方式也不一样。比如，有些企业要缴纳增值税，有些企业要缴纳营业税。在税务登记的时候，税务机关就会根据企业的性质，企业的经营类型，核定企业应缴纳的相关税种。

大部分单位和个人的纳税申报行为都体现在向税务机关提交《纳税申报表》的过程中，提交的《纳税申报表》是税务机关判断纳税人是否依法履行纳税义务的重要事实根据。当纳税人没有按照法律规定进行纳税申报时，就需要承担相应的法律责任，包括申报不实和虚假申报的法律责任。

在实际工作中，纳税申报工作是从每个月填写纳税申报表开始，到向税务机关提交纳税申报表结束，周而复始，从不间断。日常工作中一般把这个过程简称为“报税”或“申报”。

> 《中华人民共和国税收征收管理法实施细则》规定，经税务机关批准，纳税人、扣缴义务人可以采取邮寄、数据电文方式办理纳税申报或者报送代扣代缴、代收代缴税款报告表。

以前大家要买什么东西，都要到商场或到超市去；现在，网络发达了，很多人都开始网购了，又方便又省事。同样的，政府也是与时俱进的，以前企业要申报纳税时，会计人员几乎每个月都要跑税务局一两趟，现在呢，很多地方都不用动不动就跑税务局了，可以直接在网上申报纳税了，点点鼠标打打字就可以了，的确方便多了。

当然了，要想在网上申报纳税，就要向主管税务机关提出网络申报方式申请。这个申请很简单，基本上只要填写一份《网上纳税申报协议书》，提供一些相应的资料就可以了。

申报，只是根据税法规定，主动向税务局说我们这个月这一次要交多少税，可是这个钱还没交呢。现在，很多人转账都用网银，不用亲自跑银行，**同样的，交税也可以用网银办理，只要到税务机关申请电子交税就可以了**。这样，在申报之后，只要在网上点击缴纳税款，银行就会自动把应该交的税款划走了，非常方便。

看到了吧，现在的会计的确要比以前轻松很多了。以前的会计，动不动就要跑银行，跑税务，现在呢，很多时候在公司里，用电脑用网络就可以做了。

SHOU BA SHOU
JIAO NI
ZUO NA SHUI

02

增值税

增值税是对销售货物或者提供加工、修理修配劳务以及进口货物的单位和个人就其实现的增值额征收的一个税种。

增值税最早发源于丹麦，于1954年创建于法国，以后在西欧和北欧各国迅速推广，现在已经成为许多国家广泛采用的一个国际性税种。

实务中，增值税是很多企业都需要申报缴纳的一个税种。2012年起，国家开始实行“营改增”试点，在试点地区，一些之前需要缴纳营业税的企业开始转变为缴纳增值税。现在，增值税已经成为中国最主要的税种之一，增值税的收入占中国全部税收的60%以上，是最大的税种。增值税由国家税务局负责征收，税收收入中75%为中央财政收入，25%为地方收入。进口环节的增值税由海关负责征收，税收收入全部为中央财政收入。

第 1 节　增值税概述

征收范围

根据《增值税暂行条例》的规定，我们可以将增值税的征税范围分为一般规定和具体规定。

（一）一般规定

根据《增值税暂行条例》的规定，增值税的征税范围如下。

1. 销售或者进口的货物

货物是指有形动产、也包括电力、热力、气体。销售货物是指有偿转让货物的所有权。

2. 提供的加工、修理修配劳务

加工是指受托加工货物，即委托方提供原料及主要材料，受托方按照委托方的要求制造货物并收取加工费的业务；修理修配是指受托对损伤和丧失功能的货物进行修复，使其恢复原状和功能的业务。提供加工、修理修配劳务（以下称应税劳务），是指有偿提供加工、修理修配劳务。单位或者个体工商户聘用的员工为本单位或者雇主提供加工、修理修配劳务，不包括在内。有偿是指从购买方取得货币、货物或者其他经济利益。

由此可见，我国增值税的征收范围包括生产、批发、零售和进口环节，加工和修理修配也属于增值税的征税范围，对加工和修理修配以外的其他劳务暂不实行增值税。

增值税、营业税的征税范围如图 2-1 所示。

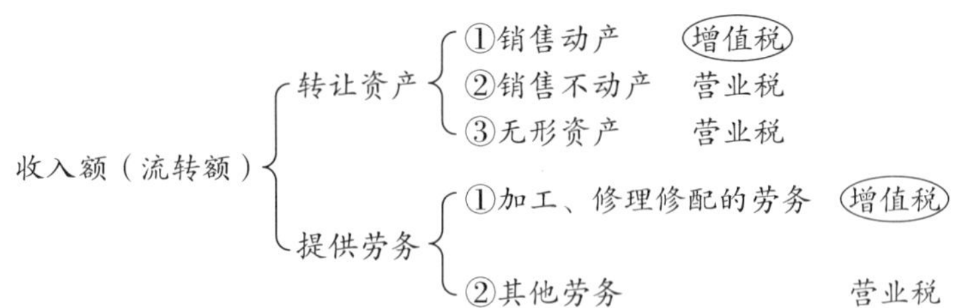

图 2-1　增值税、营业税的征税范围

提示

2011 年，经国务院批准，财政部、国家税务总局联合下发营业税改征增值税（简称“营改增”）试点方案。

在试点地区，交通运输业和部分现代服务业由原先的征收营业税改为征收增值税，主要包括：陆路运输服务、水路运输服务、航空运输服务、管道运输服务、研发和技术服务、信息技术服务、文化创意服务、物流辅助服务、有形动产租赁服务、鉴证咨询服务。

（二）具体规定

在实务中，由于企业经济业务复杂多样，对于某些特殊项目或行为是否属于增值税的征税范围，税法还作出具体确定。这里尤其需要注意以下几种特殊情形。

1. 视同销售货物行为

根据《增值税暂行条例实施细则》的规定，单位或者个体工商户的下列行为（见图 2–2），视同销售货物：

视同销售的八种情形：
（1）将货物交付其他单位或者个人代销
（2）销售代销货物
（3）设有两个以上机构并实行统一核算的纳税人，将货物从一个机构移送其他机构用于销售，但相关机构设在同一县（市）的除外
（4）将自产或者委托加工的货物用于非增值税应税项目
（5）将自产、委托加工的货物用于集体福利或者个人消费
（6）将自产、委托加工或者购进的货物作为投资，提供给其他单位或者个体工商户
（7）将自产、委托加工或者购进的货物分配给股东或者投资者
（8）将自产、委托加工或者购进的货物无偿赠送其他单位或者个人

图 2–2　视同销售的八种情形

上述八种行为应该确定为视同销售货物行为，均要征收增值税。之所以将这些行为确定为视同销售行为并征收增值税，主要是因为：

一是保证增值税款抵扣制度的实施，不致因发生上述行为而造成各相关环节税款抵扣链条的中断。如果不将之视同销售就会出现销售代销货物方仅有销项税额而无进项税额，而将货物交付其他单位或者个人代销方仅有进项税额而无销项税额的情况，就会出现增值税抵扣链条不完整。

二是避免因发生上述行为而造成货物销售税收负担不平衡的矛盾，防止以上述行为逃避纳税的现象。

三是体现增值税计算的配比原则。即购进货物已经在购进环节实施

了进项税额抵扣，这些购进货物应该产生相应的销售额，同时就应该产生相应的销项税额，否则就会产生不配比情况。

2. 混合销售行为

> **根据《增值税暂行条例实施细则》的规定，一项销售行为如果既涉及货物又涉及非增值税应税劳务，为混合销售行为。**

《增值税暂行条例实施细则》第六条规定，纳税人的下列混合销售行为，应当分别核算货物的销售额和非增值税应税劳务的营业额，并根据其销售货物的销售额计算缴纳增值税，非增值税应税劳务的营业额不缴纳增值税；未分别核算的，由主管税务机关核定其货物的销售额：

（1）销售自产货物并同时提供建筑业劳务的行为。

（2）财政部、国家税务总局规定的其他情形。

之所以对上述行为作出另行规定，是因为该行为很难体现“以从事货物的生产、批发或者零售为主”的精神。在通常情况下提供建筑业劳务行为的营业额可能还会大于销售自产货物的销售额。所以该混合行为不宜采用统一征收增值税的办法，而由其主管税务机关核定其货物的销售额比较适宜。

提示

除《增值税暂行条例实施细则》第六条的规定外，从事货物的生产、批发或者零售的企业、企业性单位和个体工商户的混合销售行为，视为销售货物，应当缴纳增值税；其他单位和个人的混合销售行为，视为销售非增值税应税劳务，不缴纳增值税。

需要解释的是，出现混合销售行为，涉及的货物和非增值税应税劳务只是针对一项销售行、为而言的，也就是说，非增值税应税劳务是为了直接销售一批货物而提供的，两者之间是紧密相连的从属关系，它与一般既从事这个税的应税项目又从事另一个税的应税项目，两者之间没有直接从属关系的兼营行为是完全不同的。对实际经济活动中发生的混合销售行为与兼营行为，由于涉及不同的税务处理，因此，要严格区分，不能混淆。

上述“非增值税应税劳务”是指属于应交营业税的建筑业、金融保险业，邮电通信业、文化体育业，娱乐业、服务业税目征收范围的劳务。“从事货物的生产、批发或者零售的企业、企业性单位和个体工商户”，包括以从事货物的生产、批发或者零售为主，并兼营非增值税应税劳务的单位和个体工商户在内。

提示

根据《增值税暂行条例实施细则》的规定，混合销售行为如属于应当征收增值税的，其销售额应是货物与非应税劳务的销售额的合计，该非应税劳务的销售额应视同含税销售额处理；且该混合销售行为涉及的非增值税应税劳务所用购进货物的进项税额，凡符合《增值税暂行条例》规定的，在计算该混合销售行为增值税时，准予从销项税额中抵扣。上述“凡符合《增值税暂行条例》规定的”，是指该混合销售行为涉及的非增值税应税劳务所用购进货物有增值税扣税凭证上注明的增值税额。

3. 兼营非增值税应税劳务行为

> 根据《增值税暂行条例实施细则》的规定，纳税人兼营非增值税应税项目的，应分别核算货物或者应税劳务的销售额和非增值税应税项目的营业额；未分别核算的，由主管税务机关核定货物或者应税劳务的销售额。

与混合销售行为不同，兼营非应税劳务是指增值税纳税人在从事应税货物销售或提供应税劳务的同时，还从事非增值税应税劳务（即营业税规定的各项劳务），且从事的非增值税应税劳务与某一项销售货物或提供应税劳务并无直接的联系和从属关系。也就是说，**兼营非应税劳务行为中，销售货物或应税劳务与提供非应税劳务不同时发生在同一购买者身上，即不发生在同一项销售行为中。**

提示

根据《增值税暂行条例实施细则》的规定，增值税一般纳税人兼营免税项目或者非增值税应税劳务而无法划分不得抵扣的进项税额的，按下列公式计算不得抵扣的进项税额：

$$\text{不得抵扣的进项税额}=\frac{\text{当月无法划分的全部进项税额}\times\text{当月免税项目销售额、非增值税应税劳务营业额合计}}{\text{当月全部销售额、营业额合计}}$$

纳税人兼营非增值税应税项目的，应分别核算货物或者应税劳务的销售额和非增值税应税项目的营业额；未分别核算的，由主管税务机关核定货物或者应税劳务的销售额。

比如，某商贸公司，一方面批发、零售货物；另一方面其运输车队又从事本企业以外的运输业务。根据《增值税暂行条例实施细则》的规定，纳税人兼营非增值税应税劳务的，应分别核算货物或应税劳务和非增值税应税劳务的销售额，对货物和应税劳务的销售额按各自适用的税率征收增值税，对非增值税应税劳务的销售额（即营业额）按适用的税率征收营业税。如果不分别核算或者不能准确核算货物或应税劳务和非增值税应税业务销售额的，由主管税务机关核定货物或者应税劳务的销售额。

混合销售行为与兼营非应税劳务的比较如表 2–1 所示

表 2–1　混合销售行为与兼营非应税劳务的比较

行　为	判　定	税务处理
混合销售	强调同一项销售行为中存在两类经营项目的混合，两者有从属关系	依纳税人经营主业，只征一种税
兼营非应税劳务	强调同一纳税人的经营活动中存在两类经营项目，两者无直接从属关系	依纳税人核算水平 1. 分别核算：征两税 2. 未分别核算：税务机关核定

纳税义务人

增值税实行凭专用发票抵扣税款的制度，客观上要求纳税人具备健全的会计核算制度和能力。为了既简化增值计算和征收，也有利于减少税收征管漏洞，依据 2010 年 3 月 20 日起施行的《增值税一般纳税人资格认定管理办法》，我国将增值税纳税人按会计核算水平和经营规模分为增值税一般纳税人和小规模纳税人两类纳税人（见图 2–3），分别采取不同的增值税计税方法。

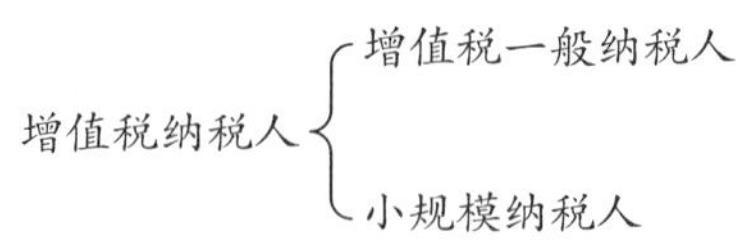

图 2-3　增值税纳税人分类

增值税一般纳税人和小规模纳税人最大的区别就在于税款可不可以抵扣。增值税一般纳税人的进项税额可以抵扣，而小规模纳税人的进项税额不能抵扣。所谓的进项税额，就是企业购买商品时，向对方支付的增值税。比如，购买 100 万元的商品，实际支付给对方 117 万元，其中的 17 万元是增值税款，这 17 万元就是进项税额。

（一）认定标准

要想成为增值税一般纳税人，必须具备一定的条件，并向税务机关提出申请。申请成为增值税一般纳税人的条件主要有两个：一是纳税人年销售额的大小；二是会计核算水平。

增值税一般纳税人和小规模纳税人的区别如表 2-2 所示。

表 2-2　增值税一般纳税人和小规模纳税人的区别

认定标准 / 纳税人	生产货物或提供应税劳务的纳税人，或以其为主，并兼营货物批发或零售的纳税人	批发或零售货物的纳税人
小规模纳税人	年应税销售额在 50 万元（含）以下	年应税销售额在 80 万元（含）以下
增值税一般纳税人	年应税销售额在 50 万元以上	年应税销售额在 80 万元以上

这几年，增值税一般纳税人的门槛降低了，即使没有达到一般纳税人的规模，只要有固定的生产经营场所，能够按照国家统一的会计制度规定设置账簿，根据合法、有效凭证核算，能够提供准确税务资料的，

都可以申请增值税一般纳税人资格。

（二）增值税一般纳税人的认定及管理

增值税一般纳税人是指年应征增值税销售额（以下简称年应税销售额），超过财政部、国家税务总局规定的小规模纳税人标准的企业和企业性单位（以下简称企业）。

注意

年应税销售额是指纳税人在连续不超过12个月的经营期内累计应征增值税销售额，包括纳税申报销售额、稽查查补销售额、纳税评估调整销售额、税务机关代开发票销售额和免税销售额。

经营期是指在纳税人存续期间的连续经营期间，含未取得销售收入的月份。其中，稽查查补销售额和纳税评估调整销售额计入查补税款申报当月的销售额，不计入税款所属期销售额。

比如，2013年8月稽查，发现2013年5月隐瞒收入15万元，纳税人于2013年8月申报该笔收入的税款，则15万元销售额计入2013年5月销售额。

年应税销售额未超过财政部、国家税务总局规定的小规模纳税人标准以及新开业的纳税人，可以向主管税务机关申请增值税一般纳税人资格认定。对提出申请并且同时符合下列条件的纳税人，主管税务机关应当为其办理增值税一般纳税人资格认定：

（1）有固定的生产经营场所。

（2）能够按照国家统一的会计制度规定设置账簿，根据合法、有效凭证核算，能够提供准确税务资料。

不需办理一般纳税人资格认定的纳税人如图 2-4 所示。

不需办理增值税一般纳税人资格认定的纳税人
1. 个体工商户以外的其他个人；其他个人是指自然人
2. 选择按照小规模纳税人纳税的非企业性单位；非企业性单位，是指行政单位、事业单位、军事单位、社会团体和其他单位
3. 选择按照小规模纳税人纳税的不经常发生应税行为的企业。不经常发生应税行为的企业，是指非增值税纳税人；不经常发生应税行为是指其偶然发生增值税应税行为

图 2-4　不需办理增值税一般纳税人资格认定的纳税人

纳税人应当向其机构所在地主管税务机关申请增值税一般纳税人资格认定（见表 2-3 和图 2-5）。增值税一般纳税人资格认定的权限，在县（市、区）国家税务局或者同级别的税务分局（以下称认定机关）。

表 2-3　纳税人向主管税务机关申请一般纳税人资格认定的程序性规定

要点	规　　则
向谁申请	凡增值税一般纳税人（以下简称一般纳税人），均应向其企业所在地主管税务机关申请办理一般纳税人认定手续 一般纳税人总分支机构不在同一县（市）的，应分别向其机构所在地主管税务机关申请办理一般纳税人认定手续
申请时间	（1）新办非商贸企业在办理税务登记时同时申请认定。税务机关对其预计年应税销售额超过小规模企业标准的暂认定为一般纳税人 （2）非商贸小规模纳税人转为一般纳税人的，在次年 1 月底前申请

纳税人应当在申报期结束后40日（工作日，下同）内向主管税务机关报送《增值税一般纳税人申请认定表》，申请增值税一般纳税人资格认定。申报期是指纳税人年应税销售额超过小规模纳税人标准的月份（或季度）的所属申报期。

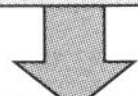

认定机关应当在主管税务机关受理申请之日起20日内完成增值税一般纳税人资格认定，并由主管税务机关制作、送达《税务事项通知书》，告知纳税人。

纳税人未在规定期限内申请增值税一般纳税人资格认定的，主管税务机关应当在规定期限结束后20日内制作并送达《税务事项通知书》，告知纳税人。《税务事项通知书》中需明确告知：其年应税销售额已超过小规模纳税人标准，应在收到《税务事项通知书》后10日内向主管税务机关报送《增值税一般纳税人申请认定表》或《不认定增值税一般纳税人申请表》；逾期未报送的，按《中华人民共和国增值税暂行条例实施细则》第三十四条规定，按销售额依照增值税税率计算应纳税额，不得抵扣进项税额，也不得使用增值税专用发票。

图 2-5　办理增值税一般纳税人资格认定的程序

个体工商户以外的其他个人、选择按照小规模纳税人纳税的非企业性单位和不经常发生应税行为的企业，应当在收到《税务事项通知书》后 10 日内向主管税务机关报送《不认定增值税一般纳税人申请表》，经认定机关批准后不办理增值税一般纳税人资格认定。认定机关应当在主管税务机关受理申请之日起 20 日内批准完毕，并由主管税务机关制作、送达《税务事项通知书》，告知纳税人。

年应税销售额未超过财政部、国家税务总局规定的小规模纳税人标准以及新开业的纳税人，可以向主管税务机关申请增值税一般纳税人资格认定；并按照下列程序办理：

（1）纳税人应当向主管税务机关填报申请表，并提供下列资料：

①《税务登记证》副本。

②财务负责人和办税人员的身份证明及其复印件。

③会计人员的从业资格证明或者与中介机构签订的代理记账协议及

其复印件。

④经营场所产权证明或者租赁协议，或者其他可使用场地证明及其复印件。

⑤国家税务总局规定的其他有关资料。

（2）主管税务机关应当当场核对纳税人的申请资料，经核对一致且申请资料齐全、符合填列要求的，当场受理，制作《文书受理回执单》，并将有关资料的原件退还纳税人。对申请资料不齐全或者不符合填列要求的，应当当场告知纳税人需要补正的全部内容。

（3）主管税务机关受理纳税人申请以后，根据需要进行实地查验，并制作查验报告。查验报告由纳税人法定代表人（负责人或者业主）、税务查验人员共同签字（签章）确认。

（4）认定机关应当自主管税务机关受理申请之日起 20 日内完成增值税一般纳税人资格认定，并由主管税务机关制作、送达《税务事项通知书》，告知纳税人。

主管税务机关应当在增值税一般纳税人《税务登记证》副本“资格认定”栏内加盖“增值税一般纳税人”戳记。“增值税一般纳税人”戳记印色为红色，印模由国家税务总局制作。

注意

纳税人销售额超过小规模纳税人标准，逾期未申请办理增值税一般纳税人认定手续的，应按销售额依照增值税税率计算应纳税额，不得抵扣进项税额，也不得使用增值税专用发票。

除国家税务总局另有规定外，**纳税人一经认定为正式增值税一般纳税人，不得再转为小规模纳税人。**

在实务中，大家还经常会听到“纳税人辅导期”这几个字眼。纳税人辅导期主要针对新认定为增值税一般纳税人的小型商贸批发企业和国家税务总局规定的其他一般纳税人。

（1）新认定为增值税一般纳税人的小型商贸批发企业。

小型商贸批发企业是指注册资金在80万元（含80万元）以下、职工人数在10人（含10人）以下的批发企业。

（2）国家税务总局规定的其他增值税一般纳税人，主要指具有下列情形之一的增值税一般纳税人：

①增值税偷税数额占应纳税额的10%以上并且偷税数额在10万元以上的。

②骗取出口退税的。

③虚开增值税扣税凭证的。

④国家税务总局规定的其他情形。

注意

新认定为增值税一般纳税人的小型商贸批发企业实行纳税辅导期管理的期限为3个月；其他增值税一般纳税人实行纳税辅导期管理的期限为6个月。

辅导期纳税人取得的增值税专用发票抵扣联、海关进口增值税专用缴款书以及运输费用结算单据应当在交叉稽核比对无误后，方可抵扣进项税额。

辅导期纳税人1个月内多次领购专用发票的，应从当月第二次领购专用发票起，按照上一次已领购并开具的专用发票销售额的3%预缴增值税，未预缴增值税的，主管税务机关不得向其发售专用发票。

【典型例题 2-1】某小型商贸企业为辅导期增值税一般纳税人，2014 年 4 月发生如下业务：购进商品取得增值税专用发票，注明价款 87 000 元、增值税额 14 790 元，购进农民自产的农产品，农产品收购发票注明价款 30 000 元；销售商品一批，开具增值税专用发票，注明价款 170 000 元、增值税额 28 900 元；销售农产品取得含税销售额 40 000 元，购进和销售货物支付运费取得公路货物运输发票 5 份，总金额 7 000 元。取得的增值税专用发票均在当月通过认证并在当月抵扣。

进项税额 =14 790+30 000 × 13%+7 000 × 7%

=19 180（元）

销项税额 =28 900+40 000 ÷（1+13%）× 13%

=33 501.77（元）

应纳增值税额 =33 501.77−19 180

=14 321.77（元）

（三）小规模纳税人的认定及管理

小规模纳税人是指年销售额在规定标准以下，并且会计核算不健全，不能按规定报送有关税务资料的增值税纳税人。会计核算不健全是指不能正确核算增值税的销项税额、进项税额和应纳税额。

根据《增值税暂行条例》及其《增值税暂行条例实施细则》的规定，小规模纳税人的认定标准是：

（1）从事货物生产或者提供应税劳务的纳税人，以及以从事货物生产或者提供应税劳务为主，并兼营货物批发或者零售的纳税人，年应征增值税销售额（以下简称应税销售额）在 50 万元以下（含本数，下同）的；“以从事货物生产或者提供应税劳务为主”是指纳税人的年货物生产或者提供应税劳务的销售额占年应税销售额的比重在 50% 以上。

（2）对上述规定以外的纳税人，年应税销售额在 80 万元以下的。

（3）年应税销售额超过小规模纳税人标准的其他个人按小规模纳税人纳税。

（4）非企业性单位、不经常发生应税行为的企业可选择按小规模纳税人纳税。

小规模纳税人会计核算健全，能够提供准确税务资料的，可以向主管税务机关申请资格认定，不作为小规模纳税人。

注意：小规模纳税人的特点

（1）销售货物和提供应税劳务，纳税人自己只能使用普通发票。

（2）购进货物或应税劳务即使取得增值税专用发票也不得抵扣进项税。

（3）应纳税额实行简易办法计算，即销售额乘以征收率。

增值税税率与征收率

我国增值税是采用比例税率，按照一定的比例征收的。为了发挥增值税的中性作用，原则上增值税的税率应该对不同行业不同企业实行单一税率，称为基本税率。实践中，为照顾一些特殊行业或产品，我国还增设了一档低税率，对出口产品实行零税率。此外，增值税纳税人分成了两类，对这两类不同的纳税人又采用了不同的税率。

提示

（1）增值税应税劳务的税率不会涉及13%的低税率，只可能是17%的基本税率或3%的征收率。

（2）增值税一般纳税人在某些特殊情况下也使用征收率。

（一）基本税率

增值税一般纳税人销售或者进口货物，提供加工、修理修配劳务，除低税率适用范围和销售个别旧货适用低税率外，税率一律为17%，这就是通常所说的基本税率。

（二）低税率

根据《增值税暂行条例》的规定，纳税人销售或者进口下列货物，税率为13%：

（1）粮食、食用植物油、鲜奶。

（2）自来水、暖气、冷气、热水、煤气、石油液化气、天然气、沼气、居民用煤炭制品。

（3）图书、报纸、杂志。

（4）饲料、化肥、农药、农机、农膜。

（5）国务院规定的其他货物：农业初级产品、音像制品、电子出版物、二甲醚、食用盐。

提示

营改增之后，在现行增值税17%标准税率和13%低税率的基础上，新增11%和6%两档低税率。

（1）交通运输业：改为 11%（包括陆路运输服务、水路运输服务、航空运输服务——湿租业务、管道运输服务）。

（2）部分现代服务业：改为 6%（包括研发和技术服务、信息技术服务、文化创意服务、物流辅助服务、有形动产租赁服务、验证咨询服务）。

（三）零税率

除国务院另有规定外，纳税人出口货物增值税税率为零。

提示

增值税的“零税率”和“免税”是两种不同的概念。免税是在某一环节免征税款，只在免税的该环节免征。零税率是不仅在销售环节时免征税款，而且在以前环节已缴纳的税款还要退回，做到税率为 0。简单来说：零税率，进项税额可以抵扣；免税，进项税额不能抵扣。

真正体现零税率理论上定义的，是增值税对出口产品实行零税率，即纳税人出口产品不仅可以不纳本环节增值额的应纳税额，而且可以退还以前各环节增值额的已纳税款。增值税的免税规定，只是免除纳税人本环节增值额的应纳税额，纳税人购进的货物和劳务中仍然是含税的。

对出口产品实行零税率，目的在于奖励出口，使我国产品在国际市场上以完全不含税的价格参与竞争。根据增值税计算公式：销项税额 = 销售额 × 税率，如果税率为零，销项税额也为零。应纳税额 = 销项税额 -

进项税额，销项税额为零，零减进项税额为负的进项税额。因此，在货物出口报关时，根据出口额计算出负的进项税额，即为该货物在各个流转环节所缴纳的全部税款，应退给报关出口单位。

出口货物适用零税率和免税货物从形式上看均表现为纳税人不纳税，但两者的区别在于：

一是纳税人销售零税率货物在税法规定具有纳税的义务，但由于规定税率为零，纳税人不用负担税款。而免税则指国家根据政策的需要，免除纳税人缴纳税款的义务。

二是纳税人销售零税率货物既然有纳税义务，同样具有抵扣税额的权利，从形式上表现为退给纳税人在各个流转环节已缴纳的税款。而免税则规定免除纳税人纳税的义务，同时也规定生产销售免税货物不得抵扣进项税额，也即纳税人必须放弃抵扣税款的权利。因此，不应将零税率和免税混为一谈，两者是有本质区别的。

（四）征收率

增值税的征收率分为两种情形：一种是小规模纳税人实行增值税征收率管理；另外一种是对于增值税一般纳税人的某些情形按照简易办法征收增值税的征收率。

1. 小规模纳税人征收率

根据《增值税暂行条例》的规定，小规模纳税人增值税征收率为3%。征收率的调整由国务院决定。

注意

（1）小规模纳税人（除其他个人外）销售自己使用过的固定资产，减按2%征收率征收增值税。只能够开具普通发票，不得由税务机关代开增值税专用发票。

（2）小规模纳税人销售自己使用过的除固定资产以外的物品，应按3%的征收率征收增值税。

2. 依6%征收率征收增值税

增值税一般纳税人销售自产的下列货物，可选择按照简易办法依照6%征收率计算缴纳增值税：

（1）县级及县级以下小型水力发电单位生产的电力。小型水力发电单位，是指各类投资主体建设的装机容量为5万千瓦以下（含5万千瓦）的小型水力发电单位。

（2）建筑用和生产建筑材料所用的砂、土、石料。

（3）以自己采掘的砂、土、石料或其他矿物连续生产的砖、瓦、石灰（不含黏土实心砖、瓦）。

（4）用微生物、微生物代谢产物、动物毒素、人或动物的血液或组织制成的生物制品。

（5）自来水。

（6）商品混凝土（仅限于以水泥为原料生产的水泥混凝土）。

注意

（1）增值税一般纳税人选择简易办法计算缴纳增值税后，36个月内不得变更。

（2）对属于增值税一般纳税人的自来水公司销售自来水按简易办法依照6%征收率征收增值税，不得抵扣其购进自来水取得增值税扣税凭证上注明的增值税款。

3. 依4%征收率征收增值税

（1）寄售商店代销寄售物品（包括居民个人寄售的物品在内）。

（2）典当业销售死当物品。

（3）经国务院或国务院授权机关批准的免税商店零售的免税品。

4. 销售自己使用过的物品

（1）增值税一般纳税人销售自己使用过的属于《增值税暂行条例》第十条规定不得抵扣且未抵扣进项税额的固定资产，按简易办法依4%征收率减半征收增值税。

增值税一般纳税人销售自己使用过的2009年1月1日以后购进或自制的固定资产，按照适用税率征收增值税。

增值税一般纳税人销售自己使用过的除固定资产以外的物品，应当按照适用税率征收增值税。

（2）小规模纳税人（除其他个人外，下同）销售自己使用过的固定资产，减按2%征收率征收增值税。

小规模纳税人销售自己使用过的除固定资产以外的物品，应按3%的征收率征收增值税。

增值税一般纳税人和小规模纳税人销售使用过的物品如表2-4所示。

表 2-4　增值税一般纳税人和小规模纳税人销售使用过的物品

纳税人	销售情形	税务处理	计税公式	备注
增值税一般纳税人	不得抵扣进项税额且未抵扣进项税额的固定资产	按简易办法：依 4% 征收率减半征收增值税	增值税 = 售价 ÷（1 + 4%）× 4% ÷ 2	未抵扣进项税额
	销售自己使用过的 2009 年 1 月 1 日以后购进或者自制的固定资产	按正常销售货物适用税率征收增值税【提示】该固定资产的进项税额在购进当期已抵扣	增值税 = 售价 ÷（1 + 17%）× 17%	进项税额已抵扣
	销售自己使用过的除固定资产以外的物品			
小规模纳税人（除其他个人外）	销售自己使用过的固定资产	减按 2% 征收率征收增值税	增值税 = 售价 ÷（1 + 3%）× 2%	
	销售自己使用过的除固定资产以外的物品	按 3% 的征收率征收增值税	增值税 = 售价 ÷（1 + 3%）× 3%	

5. 增值税一般纳税人销售旧货适用征收率

所称旧货，是指进入二次流通的具有部分使用价值的货物（含旧汽车、旧摩托车和旧游艇），但不包括自己使用过的物品。

（1）增值税一般纳税人销售自己使用过的物品和旧货，适用按简易办法依 4% 征收率减半征收增值税政策的，按下列公式确定销售额和应纳税额：

销售额 = 含税销售额 ÷（1+4%）

应纳税额 = 销售额 × 4% ÷ 2

（2）小规模纳税人销售自己使用过的固定资产和旧货，按下列公式确定销售额和应纳税额：

销售额＝含税销售额 ÷（1+3%）

应纳税额＝销售额 ×2%

纳税人销售旧货，应开具普通发票，不得自行开具或者由税务机关代开增值税专用发票。

【典型例题 2-2】某旧机动车交易公司 2014 年 3 月收购旧机动车 50 辆，支付收购款 350 万元，销售旧机动车 60 辆，取得销售收入 480 万元，同时协助客户办理车辆过户手续，取得收入 3 万元。那么 2013 年 3 月该旧机动车交易公司应纳增值税计算如下：

（480+3）÷（1+4%）×4%×50%=9.29（万元）

6. 药品销售企业销售生物药品

自 2012 年 7 月 1 日起，属于增值税一般纳税人的药品经营企业销售生物制品可选择按简易办法依 3% 缴纳增值税，36 个月内不得变更计税方法。

第 2 节　应纳税额的计算

我同目前对增值税一般纳税人采用的计税方法是国际上通行的购进扣税法，即：先按当期销售额和适用税率计算出销项税额（这是对销售金额的征税），然后对当期购进项目已经缴纳的税款（所含税款）进行抵扣，从而间接计算出对当期增值额部分的应纳税额。

增值税一般纳税人销售货物或者提供应税劳务的应纳税额，应该等于当期销项税额抵扣当期进项税额后的余额。其计算公式如下：

当期应纳税额＝当期销项税额－当期进项税额

＝当期销售额 × 适用税率－当期进项税额

从上述公式可以看出，增值税一般纳税人当期应纳税额的多少，取决于当期销项税额和当期进项税额这两个因素。

销项税额的计算

销项税额是指纳税人销售货物或者提供应税劳务，按照销售额或提供应税劳务收入和规定的税率计算并向购买方收取的增值税额。销项税额的计算公式如下：

销项税额＝销售额 × 适用税率

从销项税额的定义和公式中我们可以知道，增值税销项税额是由购买方在购买货物或者应税劳务支付价款时，一并向销售方支付的税额。对于属于增值税一般纳税人的销售方来说，在没有抵扣其进项税额前，销售方收取的销项税额还不是其应纳增值税额。

销项税额的计算取决于销售额和适用税率两个因素。在适用税率既定的前提下，销项税额的大小主要取决于销售额的大小。增值税适用税率是比较简单的，因而销项税额计算的关键是如何准确确定作为增值税计税依据的销售额。

（一）一般销售方式下的销售额

销售额是指纳税人销售货物或者提供应税劳务向购买方（承受应税劳务也视为购买方）收取的全部价款和价外费用。

注意

尽管销项税额也是销售方向购买方收取的，但是由于增值税采用价外计税方式，用不含税价作为计税依据，因而**销售额中不包括向购买方收取的销项税额**。

销售额以人民币计算。纳税人以人民币以外的货币结算销售额的，应当折合成人民币计算。

价外费用包括价外向购买方收取的手续费、补贴、基金、集资费、返还利润、奖励费、违约金、滞纳金、延期付款利息、赔偿金、代收款项、代垫款项、包装费、包装物租金、储备费、优质费、运输装卸费以及其他各种性质的价外收费。但如图 2-6 所示的项目不包括在内。

不计入价外费用的项目

1. 受托加工应征消费税的消费品所代收代缴的消费税
2. 同时符合以下条件的代垫运输费用
   （1）承运部门的运输费用发票开具给购买方的
   （2）纳税人将该项发票转交给购买方的
3. 同时符合以下条件代为收取的政府性基金或者行政事业性收费
   （1）由国务院或者财政部批准设立的政府性基金，由国务院或者省级人民政府及其财政、价格主管部门批准设立的行政事业性收费
   （2）收取时出具省级以上财政部门印制的财政标据
   （3）所收款项全额上缴财政
4. 销售货物的同时代办保险等而向购买方收取的保险费，以及向购买方收取的代购买方缴纳的车辆购置税、车辆牌照费

图 2-6　不计入价外费用的项目

凡随同销售货物或提供应税劳务向购买方收取的价外费用，无论其会计如何核算，均应并入销售额计算应纳税额。税法规定各种性质的价外收费都要并入销售额计算征税，目的是防止以各种名目的收费减少销售额逃避纳税的现象。上述 4 项允许不计入价外费用是因为在满足了上述相关条件后可以确认销售方在其中仅仅是代为收取了有关费用，这些

价外费用确实没有形成销售方的收入。

注意

根据国家税务总局规定：对增值税一般纳税人（包括纳税人自己或代其他部门）向购买方收取的价外费用和逾期包装物押金，应视为含税收入，在征税时换算成不含税收入再并入销售额。

按企业会计准则规定，由于对价外收费一般都不在“主营业务收入”科目中核算，而在“其他应付款”、“其他业务收入”、“营业外收入”等科目中核算。这样，企业在实务中时常出现对价外收费虽在相应科目中作会计核算，但却未核算其销项税额；有的企业则既不按会计核算要求进行收入核算，又不按规定核算销项税额，而是将发生的价外收费直接冲减有关费用科目。这些做法都是逃避纳税的错误行为，是要受到税法处罚的。因此，纳税人对价外收费按税法规定并入销售额计税必须予以高度重视，严格核查各项价外收费，保证做到正确计税和会计核算。

【典型例题 2-3】某企业销售商品一批，取得不含税销售额400 000元（适用的增值税税率为17%），另收取包装费和运输费11 700元。

该项业务应收取的销项税额 =400 000×17%+11 700÷（1+17%）×17%

=68 000+1 700

=69 700（元）

【典型例题 2-4】某企业销售给乙公司同类商品15 000件，每件不含税售价为20元，交给A运输公司运输，代垫运输费用6 800元，运费发票（抬头为乙公司）已转交给乙公司。

解析：由于承运部门的运输发票开给购买方乙公司，且纳税人已将该发票转交给购买方，因此代垫的运输费用不计入价外费用，不征收增值税。

该项业务应收取的销项税额 =15 000 × 20 × 17%

=51 000（元）

（二）特殊销售方式下的销售额

在销售活动中，为了达到促销的目的，有多种销售方式。不同销售方式下，销售者取得的销售额会有所不同。税法对以下几种销售方式分别作了规定：

1. 采取折扣方式销售

折扣销售是指销货方在销售货物或应税劳务时，因购货方购货数量较大等原因而给予购货方的价格优惠（如购买 10 件，销售价格折扣 10%；购买 20 件，折扣 20% 等）。

根据税法规定，纳税人销售货物并向购买方开具增值税专用发票后，由于购货方在一定时期内累计购买货物达到一定数量，或者由于市场价格下降等原因，销货方给予购货方相应的价格优惠或补偿等折扣、折让行为，销货方可按现行《增值税专用发票使用规定》的有关规定开具红字增值税专用发票。

注意

第一，折扣销售不同于销售折扣。销售折扣是指销货方在销售货物或应税劳务后，为了鼓励购货方及早偿还货款而协议许诺给予购货方的一种折扣优待（如：10 天内付款，货款折扣 2%；20 天内付款，折扣 1%；30 天内全价付款）。销售折扣发生在销货之后，是一种融资性质的理财费用，因此，销售折扣不得从销售额中减除。企业在确定销售额时应把折扣销售与销售折扣严格区分开。另外，销售折扣又不同于销售折让。销售折让是指货物销售后，由于其品种，质量等原因购货方未予退货，但销货方需给予购货方的一种价格折让。销售折让与销售折扣相比较，虽然都是在货物销售后发生的，但因为销售折让是由于货物的品种和质量引起销售额的减少，因此，对销售折让可以折让后的货款为销售额。

第二，折扣销售仅限于货物价格的折扣，如果销货者将自产、委托加工和购买的货物用于实物折扣的，则该实物款额不能从货物销售额中减除，且该实物应按《增值税暂行条例》“视同销售货物”中的“赠送他人”计算征收增值税。

《国家税务总局关于印发〈增值税若干具体问题的规定〉的通知》（国税发［1993］154 号）第二条第（二）项规定：“纳税人采取折扣方式销售货物，如果销售额和折扣额在同一张发票上分别注明的，可按折扣后的销售额征收增值税”。**纳税人采取折扣方式销售货物，销售额和折扣额在同一张发票上分别注明是指销售额和折扣额在同一张发票上的“金额”栏分别注明的，可按折扣后的销售额征收增值税。未在同一张发票“金额”栏注明折扣额，而仅在发票的“备注”栏注明折扣额的，折扣额不得从销售额中减除。**

【**典型例题 2-5**】某企业向星朗公司销售一批商品（适用的增值税税率为 17%），每件 300 元，共 1 000 件。因购买方购买数量多，给予 8 折优惠。企业将折扣额与销售额同开在一张发票上分别注明。

解析：纳税人采取折扣方式销售货物，并将折扣额与销售额同开在一张发票上分别注明，应按折扣后的销售额征收增值税。

应纳增值税 =300 × 1 000 × 0.8 × 17%

=40 800（元）

【**典型例题 2-6**】某企业向乙公司销售一批商品（适用的增值税税率为 17%），每件 300 元，共 1 000 件。双方在合同上约定，如乙公司在 1 个月内付款，将给予 1% 的折扣。

解析：销售折扣（现金折扣）的金额不能从销售额中减除。

应纳增值税 =300 × 1 000 × 17%

=51 000（元）

【**典型例题 2-7**】某企业采用买五送一的方式销售货物，单件产品不含税售价 300 元。计算销售五件送一件的销项税额。

销项税额 =300 × 6 × 17%

=306（元）

2. 采取以旧换新方式销售

以旧换新是指纳税人在销售自己的货物时，有偿收回旧货物的行为。

根据税法规定，采取以旧换新方式销售货物的，应按新货物的同期销售价格确定销售额，不得扣减旧货物的收购价格。之所以这样规定，既是因为销售货物与收购货物是两个不同的业务活动，销售额与收购额不能相互抵减，也是为了严格增值税的计算征收，防止出现销售额不实、减少纳税的现象。

考虑到金银首饰以旧换新业务的特殊情况，对金银首饰以旧换新业务，可以按销售方实际收取的不含增值税的全部价款征收增值税。

【典型例题 2-8】某企业为增值税一般纳税人，生产某种电机产品，本月采用以旧换新方式促销，销售该电机产品 600 台，每台旧电机产品不含税作价 250 元，按照出厂价扣除旧货收购价实际取得不含税销售收入 800 000 元，计算销项税额（适用的增值税税率为 17%）。

销项税额 =（800 000+600 × 250）× 17%

=161 500（元）

【典型例题 2-9】某金店为增值税一般纳税人，2014 年 3 月零售金银首饰取得含税销售额 51.48 万元，其中包括以旧换新销售金银首饰实际收取的含税销售额 3.51 万元，该批以旧换新销售的新金银首饰零售价为 8.19 万元。计算金店此业务应纳增值税额。

销项税额 =51.48 ÷ 1.17 × 17%

=7.48（万元）

3. 采取还本销售方式销售

还本销售是指纳税人在销售货物后，到一定期限由销售方一次或分次退还给购货方全部或部分价款。这种方式实际上是一种筹资，是以货物换取资金的使用价值，到期还本不付息的方法。

税法规定，采取还本销售方式销售货物，其销售额就是货物的销售价格，不得从销售额中减除还本支出。

4. 采取以物易物方式销售

以物易物是一种较为特殊的购销活动，是指购销双方不是以货币结算，而是以同等价款的货物相互结算，实现货物购销的一种方式。在实务中，有的纳税人以为以物易物不是购销行为，销货方收到购货方抵顶货款的货物，认为自己不是购货；购货方发出抵顶货款的货物，认为自己不是销货。这两种认识都是错误的。

根据税法规定，以物易物双方都应作购销处理，以各自发出的货物核算销售额并计算销项税额，以各自收到的货物按规定核算购货额并计算进项税额。

注意

在以物易物活动中，应分别开具合法的票据，如收到的货物不能取得相应的增值税专用发票或其他合法票据的，不能抵扣进项税额。

【典型例题 2-10】甲企业为机器设备生产企业，乙企业为钢材生产企业，现在甲企业将市场售价为 50 万元的机器设备换取乙企业售价为 50 万元的钢材。双方各自向对方开具增值税专用发票。

甲企业：

销项税额 =50 × 17%=8.5（万元）

进项税额 =50 × 17%=8.5（万元）

乙企业：

销项税额 =50 × 17%=8.5（万元）

进项税额 =50×17%=8.5（万元）

【典型例题 2–11】 某电机厂用 15 台电机与原材料供应商换取等值生产用原材料，双方均开具增值税专用发票，销售额为 100 000 元，原材料已入库，计算此业务应纳增值税额。

销项税额 =100 000×17%

=17 000（元）

5. 包装物押金

包装物是指纳税人包装本单位货物的各种物品。纳税人销售货物时另收取包装物押金，目的是促使购货方及早退回包装物以便周转使用。对包装物的押金是否计入货物销售额呢?

根据税法规定，纳税人为销售货物而出租出借包装物收取的押金，单独记账核算的，时间在 1 年以内，又未过期的，不并入销售额征税，但对因逾期未收回包装物不再退还的押金，应按所包装货物的适用税率计算销项税额。

上述规定中，“逾期”是指按合同约定实际逾期或以 1 年为期限，对收取 1 年以上的押金，无论是否退还均并入销售额征税。当然，在将包装物押金并入销售额征税时，需要先将该押金换算为不含税价，再并入销售额征税。**纳税人为销售货物出租出借包装物而收取的押金，无论包装物周转使用期限长短，超过 1 年（含 1 年）以上仍不退还的均并入销售额征税。**

另外，包装物押金不应混同于包装物租金，包装物租金在销货时作为价外费用并入销售额计算销项税额。国家税务总局 1995 年 192 号文件规定，从1995年6月1日起，**对销售除啤酒、黄酒外的其他酒类产品而收取的包装物押金，无论是否返还以及会计上如何核算，均应并入当期销售额征税。对销售啤酒、黄酒所收取的押金，按上述一般押金的规定处理。**

【典型例题2-12】2014年3月，某酒厂销售一批粮食白酒给副食品公司，并开具了相应的增值税专用发票，注明不含税价款50 000元，另收取包装物押金3 000元。副食品公司按合同约定，于2014年4月将白酒包装物全部退还给酒厂，并取回全部押金。计算该酒厂2014年3月此项业务应缴纳的增值税销项税额是多少？

解析：销售白酒时收取的包装物押金，应并入当期销售额征税。

白酒销售额=50 000+3 000÷（1+17%）

=52 564.10（元）

【典型例题2-13】2014年3月，某酒厂销售一批啤酒给某食杂店，收取的价税合计23 400元，另外收取包装物押金1 500元。食杂店按合同约定，于2014年4月将啤酒包装物全部退还给酒厂，并取回全部押金。计算该酒厂2014年3月此项业务应缴纳的增值税销项税额是多少？

解析：销售啤酒时收取的包装物押金，不并入当期销售额征税。

啤酒销售额=23 400÷（1+17%）

=20 000（元）

6. 销售已使用过的固定资产的税务处理

自2009年1月1日起，纳税人销售自己使用过的固定资产（以下简称已使用过的固定资产），应区分不同情形征收增值税：

（1）销售自己使用过的2009年1月1日以后购进或者自制的固定资产，按照适用税率征收增值税。

（2）2008年12月31日以前未纳入扩大增值税抵扣范围试点的纳税

人，销售自己使用过的 2008 年 12 月 31 日以前购进或者自制的固定资产，按照 4% 征收率减半征收增值税。

（3）2008 年 12 月 31 日以前已纳入扩大增值税抵扣范围试点的纳税人，销售自己使用过的在本地区扩大增值税抵扣范围试点以前购进或者自制的固定资产，按照 4% 征收率减半征收增值税；销售自己使用过的在本地区扩大增值税抵扣范围试点以后购进或者自制的固定资产，按照适用税率征收增值税。

（4）对于纳税人发生《实施细则》第四条规定的固定资产视同销售行为，对已使用过的固定资产无法确定销售额的，以固定资产净值为销售额。

已使用过的固定资产是指纳税人根据财务会计制度已经计提折旧的固定资产。

增值税一般纳税人和小规模纳税人销售使用过的物品如表 2–5 所示。

表 2–5　增值税一般纳税人和小规模纳税人销售使用过的物品

纳税人	销售情形	税务处理	计税公式
增值税一般纳税人	不得抵扣进项税额且未抵扣进项税额的固定资产	按简易办法：依 4% 征收率减半征收增值税	增值税 = 售价 ÷（1 + 4%）× 4% ÷ 2
	销售自己使用过的 2009 年 1 月 1 日以后购进或者自制的固定资产	按正常销售货物适用税率征收增值税 【提示】该固定资产的进项税额在购进当期已抵扣	增值税 = 售价 ÷（1 + 17%）× 17%
	销售自己使用过的除固定资产以外的物品		
小规模纳税人（除其他个人外）	销售自己使用过的固定资产	减按 2% 征收率征收增值税	增值税 = 售价 ÷（1 + 3%）× 2%
	销售自己使用过的除固定资产以外的物品	按 3% 的征收率征收增值税	增值税 = 售价 ÷（1 + 3%）× 3%

【典型例题 2-14】某企业（增值税一般纳税人）2014 年 3 月 16 日销售一台旧机器设备，取得销售收入 60 000 元，该设备为 2005 年 6 月购入。那么该项销售行为应缴纳的增值税是多少？

应纳增值税 =60 000 ÷（1+4%）× 4% × 50%

=1 153.85（元）

【典型例题 2-15】某企业（增值税一般纳税人）2014 年 4 月 8 日销售一台旧机器设备，取得销售收入 100 000 元，该设备为 2010 年 6 月购入，并且该设备的进项数额已在购进时抵扣。那么该项销售行为应缴纳的增值税是多少？

应纳增值税 =100 000 ÷（1+17%）× 17%

=14 529.91（元）

7. 对视同销售货物行为的销售额的确定

前面我们已列明了单位和个体经营者八种视同销售货物行为，如将货物交付他人代销，将自产、委托加工或购买的货物无偿赠送他人等。这八种视同销售行为中某些行为由于不是以资金的形式反映出来，会出现无销售额的现象。因此，税法规定，对视同销售征税而无销售额的按下列顺序确定其销售额：

（1）按纳税人最近时期同类货物的平均销售价格确定。

（2）按其他纳税人最近时期同类货物的平均销售价格确定。

（3）按组成计税价格确定。组成计税价格的公式如下：

组成计税价格 = 成本 ×（1+ 成本利润率）

征收增值税的货物，同时又征收消费税的，其组成计税价格中应加上消费税额。其组成计税价格公式如下：

组成计税价格 = 成本 ×（1+ 成本利润率）+ 消费税额

或：组成计税价格 = 成本 ×（1+ 成本利润率）÷（1– 消费税税率）

公式中的成本是指：销售自产货物的为实际生产成本，销售外购货物的为实际采购成本。公式中的成本利润率由国家税务总局确定。属于应从价定率征收消费税的货物，其组成计税价格公式中的成利润率，为国家税务总局确定的成本利润率。

【典型例题 2–16】某商贸企业（增值税一般纳税人）受托代销（视同买断）某品牌服装，取得代销收入 5.85 万元（零售价），与委托方进行结算，取得增值税专用发票上注明的增值税额为 0.68 万元。那么，对于该商贸企业来说：

销项税额 =5.85 ÷（1+17%）× 17%

=0.85（万元）

进项税额 =0.68（万元）

此业务应纳增值税 =0.85–0.68

=0.17（万元）

【典型例题 2–17】某商场系增值税一般纳税人，为甲公司代销货物。本月实现不含增值税销售收入 120 000 元，另外收取手续费 3 000 元，已经收到甲公司开具的增值税专用发票，注明价款 100 000 元、增值税额 17 000 元。该商场代销业务应纳增值税和营业税多少？

解析：受托方收取的代销手续费，应按“服务业”税目 5% 的税率征收营业税。

增值税销项税额 =120 000 × 17%

=20 400（元）

进项税额 =17 000（元）

应纳增值税 =20 400–17 000

=3 400（元）

应纳营业税 =3 000 × 5%

=150（元）

【典型例题 2-18】某服装厂（增值税一般纳税人）将自产的 200 件服装出售给本企业职工，每件成本为 100 元，每件售价为 100 元（无同类产品售价，成本利润率为 10%），计算该事项产生的销项税额。

解析：因为无同类产品，应按组成计税价格征收增值税。

售价 =100 × 200

=20 000（元）

组成计税价格 =100 ×（1+10%）× 200

=22 000（元）

销项税额 =22 000 × 17%

=3 740（元）

【典型例题 2-19】某食品厂为增值税一般纳税人，9 月份将自产的月饼 400 盒分发给本企业职工。每盒月饼成本价 90 元。假设成本利润率为 10%。

（1）如果产品不含税售价 150 元，如何确定销售额？

销售额 =150 × 400

=60 000（元）

（2）如果为新产品，无产品售价，如何确定销售额？

销售额 = 组成计税价格 = 成本 ×（1+ 成本利润率）

=90 ×（1+10%）

=99（元）

（三）含税销售额的换算

为了符合增值税作为价外税的要求，纳税人在填写进销货及纳税凭证、进行账务处理时，应分项记录不含税销售额、销项税额和进项税额，以正确计算应纳增值税额。然而，在实际工作中，常常会出现增值税一般纳税人将销售货物或者应税劳务采用销售额和销项税额合并定价收取的方法，这样，就会形成含税销售额。

我国的增值税是价外税，计税依据中不含增值税本身的数额。在计算应纳税额时，如果不将含税销售额换算为不含税销售额，就不符合我国增值税的设计原则，即仍会导致对增值税销项税额本身的重复征税现象，也会影响企业成本核算过程，如果普遍出现以含税销售额作为计税依据的做法会在某种程度上推动物价非正常上涨情况的出现。

因此，增值税一般纳税人销售货物或者应税劳务取得的含税销售额在计算销项税额时，必须将其换算为不含税的销售额。对于增值税一般纳税人销售货物或者应税劳务，采用销售额和销项税额合并定价方法的，按下列公式计算销售额：

销售额 = 含税销售额 ÷（1+ 税率）

公式中的税率为销售货物或者应税劳务按《增值税暂行条例》中规定所适用的税率。

【典型例题 2-20】某酒厂为增值税一般纳税人。本月向一小规模纳税人销售白酒，并开具普通发票上注明总金额 117 000 元；同时收取单独核算的包装物押金 3 000 元（尚未逾期）。该酒厂此项业务应缴纳的增值税销项税额是多少？

解析：销售额 = 含税销售额 ÷（1+ 税率）

=117 000 ÷（1+17%）+3 000 ÷（1+17%）

=102 564.10（元）

销项税额 = 不含税销售额 × 税率

=102 564.10 × 17%

=17 435.90（元）

进项税额的计算

纳税人购进货物或者接受应税劳务（以下简称购进货物或者应税劳务）支付或者负担的增值税额，为进项税额。

进项税额是与销项税额相对应的另一个概念。在开具增值税专用发票的情况下，它们之间的对应关系是，销售方收取的销项税额，就是购买方支付的进项税额。对于任何一个增值税一般纳税人而言，由于其在经营活动中，既会发生销售货物或提供应税劳务，又会发生购进货物或接受应税劳务，因此，每一个一般纳税人都会有收取的销项税额和支付的进项税额。增值税的核心就是用纳税人收取的销项税额抵扣其支付的进项税额，其余额为纳税人实际应缴纳的增值税额。这样，进项税额作为可抵扣的部分，对于纳税人实际纳税多少就产生了举足轻重的作用。

注意

并不是纳税人支付的所有进项税额都可以从销项税额中抵扣。为体现增值税的配比原则，即购进项目金额与销售产品销售额之间应有配比性。当纳税人购进的货物或接受的应税劳务不是用于增值税应税项目，而是用于非应税项目、免税项目或用于集体福利、个人消费等情况时，其支付的进项税额就不能从销项税额中抵扣。

税法对不能抵扣进项税额的项目作了严格的规定，如果违反税法规定，随意抵扣进项税额就将以偷税论处。因此，严格把握哪些进项税额可以抵扣，哪些进项税额不能抵扣是十分重要的，这些方面也是纳税人在缴纳增值税实务中差错出现最多的地方。

（一）准予从销项税额中抵扣的进项税额

根据《增值税暂行条例》的规定，准予从销项税额中抵扣的进项税额，限于下列增值税扣税凭证上注明的增值税额和按规定的扣除率计算的进项税额：

（1）从销售方取得的增值税专用发票上注明的增值税额。

（2）从海关取得的海关进口增值税专用缴款书上注明的增值税额。

纳税人进口货物，凡已缴纳了进口环节增值税的，不论其是否已经支付货款，其取得的海关进口增值税专用缴款书均可作为增值税进项税额抵扣凭证。

注意

纳税人在进行增值税账务处理时，每抵扣一笔进项税额，就要有一份记录该进项税额的法定扣税凭证与之相对应；没有从销售方或海关取得注明增值税额的法定扣税凭证，就不能抵扣进项税额。

3. 购进农产品，除取得增值税专用发票或者海关进口增值税专用缴款书外，按照农产品收购发票或者销售发票上注明的农产品买价和13%的扣除率计算的进项税额。进项税额计算公式如下：

进项税额 = 买价 × 扣除率

购买农业产品的买价，包括纳税人购进农产品在农产品收购发票或者销售发票上注明的价款和按规定缴纳的烟叶税。

【典型例题 2-21】某企业（增值税一般纳税人）从农民手中购进免税农产品，收购发票上注明买价 80 000 元，为运输该批货物支付运费，取得了运输发票，上面注明运费 1 000 元，建设基金 100 元，装卸费 300 元。计算允许抵扣的进项税额和采购成本。

进项税额 =80 000 × 13%+1 100 × 7%

=10 477（元）

采购成本 =80 000+1 400−10 477

=70 923（元）

（4）购进或者销售货物以及在生产经营过程中支付运输费用的，按照运输费用结算单据上注明的运输费用金额和 7% 的扣除率计算的进项税额。进项税额计算公式如下：

进项税额 = 运输费用金额 × 扣除率

准予抵扣的项目和扣除率的调整，由国务院决定。

【典型例题 2-22】某生产企业外购原材料取得的增值税专用发票上注明价款 100 000 元，已入库，支付运输企业的运输费 800 元（货运发票上注明运费 600 元、保险费 60 元、装卸费 120 元、建设基金 20 元），计算可以抵扣的进项税额。

进项税额 =100 000 × 17%+（600+20）× 7%

=17 043.4（元）

注意

（1）购买或销售免税货物（购进免税农业产品除外）所发生的运输费用，不得计算进项税额抵扣。

（2）准予作为抵扣凭证的运费结算单据（普通发票），是指国有铁路、民用航空、公路和水上运输单位开具的货票，以及从事货物运输的非国有运输单位开具的套印全国统一发票监制章的货票。

（3）准予计算进项税额抵扣的货物运费金额是指运输费用结算单据上注明的运输费用（包括铁路临管线及铁路专线运输费用）、建设基金，不包括装卸费、保险费等其他杂费。

（4）从 2003 年 11 月 1 日起，提供货物运输劳务的纳税人必须经主管地方税务局认定方可开具货物运输业发票。凡未经地方税务局认定的纳税人开具的货物运输业发票不得作为记账凭证和增值税抵扣凭证。

（5）从 2003 年 12 月 1 日起，国家税务局将对增值税一般纳税人申请抵扣的所有运输发票与营业税纳税人开具的货物运输业发票进行比对。凡比对不符的，一律不予抵扣。对异常情况进行核查，并对违反有关法律法规开具或取得货物运输业发票的单位进行处罚。

（6）增值税一般纳税人在申报抵扣 2003 年 11 月 1 日起取得的运输发票增值税进项税额时，应向主管国家税务局填报《增值税运输发票抵扣清单》纸制文件及电子信息，未报送的其进项税额不得抵扣。

（7）增值税一般纳税人取得 2010 年 1 月 1 日以后开具公路内河货物运输业统一发票，应在开具之日起 180 日内到税务机关办理认证，并在认证通过的次月申报期内，向主管税务机关申报抵扣进项税额。

（8）增值税一般纳税人购进或销售货物通过铁路运输，并取得铁路部门开具的运输发票，如果铁路部门开具的铁路运输发票托运人或收货人名称与其不一致，但铁路运输发票托运人栏或备注栏注有该纳税人名称的（手写无效）该运输发票可以作为进项税额抵扣凭证，允许计算抵扣进项税额。

（9）增值税一般纳税人在生产经营过程中所支付的运输费用，允许计算抵扣进项税额。

（10）增值税一般纳税人取得的国际货物运输代理业发票和国际货物运输发票，不得计算抵扣进项税额。

（11）增值税一般纳税人取得的汇总开具的运输发票，凡附有运输企业开具并加盖财务专用章或发票专用章的运输清单，允许计算抵扣进项税额。

（12）增值税一般纳税人取得的项目填写不齐全的运输发票（附有运输清单的汇总开具的运输发票除外）不得计算抵扣进项税额。

（13）自2007年1月1日起，增值税一般纳税人购进或销售货物，取得的作为增值税扣税凭证的货运发票，必须是通过货运发票税控系统开具的新版货运发票。

（二）不得从销项税额中抵扣的进项税额

纳税人购进货物或者应税劳务，取得的增值税扣税凭证不符合法律、行政法规或者国务院税务主管部门有关规定的，其进项税额不得从销项税额中抵扣。这里的“增值税扣税凭证”，是指增值税专用发票、海关进口增值税专用缴款书、农产品收购发票和农产品销售发票以及运输费用结算单据。

按《增值税暂行条例》的规定，下列项目的进项税额不得从销项税额中抵扣：

（1）用于非增值税应税项目、免征增值税项目、集体福利或者个人消费的购进货物或者应税劳务。

所称购进货物，不包括既用于增值税应税项目（不含免征增值税项目）也用于非增值税应税项目、免征增值税（以下简称免税）项目、集体福利或者个人消费的固定资产。

所称固定资产，是指使用期限超过12个月的机器、机械、运输工具以及其他与生产经营有关的设备工具、器具等。

所称个人消费，包括纳税人的交际应酬消费。

所称非增值税应税项目，是指提供非增值税应税劳务、转让无形资产、销售不动产和不动产在建工程。

所称不动产，是指不能移动或者移动后会引起性质、形状改变的财产，包括建筑物、构筑物和其他土地附着物。以建筑物或者构筑物为载体的附属设备和配套设施，无论在会计处理上是否单独记账与核算，均应作为建筑物或者构筑物的组成部分，其进项税额不得在销项税额中抵扣。纳税人新建、改建、扩建、修缮、装饰不动产，均属于不动产在建工程。

（2）非正常损失的购进货物及相关的应税劳务。

所称非正常损失，是指因管理不善造成被盗、丢失、霉烂变质的损失。

（3）非正常损失的在产品、产成品所耗用的购进货物或者应税劳务。

（4）国务院财政、税务主管部门规定的纳税人自用消费品。

纳税人自用的应征消费税的摩托车、汽车、游艇，其进项税额不得从销项税额中抵扣。

（5）上述第（1）项至第（4）项规定的货物的运输费用和销售免税货物的运输费用。

（6）增值税一般纳税人兼营免税项目或者非增值税应税劳务而无法划分不得抵扣的进项税额的，按下列公式计算不得抵扣的进项税额：

$$\text{不得抵扣的进项税额}=\frac{\text{当月无法划分的全部进项税额}\times\text{当月免税项目销售额、非增值税应税劳务营业额合计}}{\text{当月全部销售额、营业额合计}}$$

（7）纳税人从海关取得的完税凭证上注明的增值税额准予从销项税额中抵扣。因此，纳税人进口货物取得的合法海关完税凭证，是计算增值税进项税额的唯一依据，其进口货物向境外实际支付的货款低于进口报关价格的差额部分以及从境外供应商处取得的退还或返还的资金，不作进项税额转出处理。

【典型例题 2-23】甲企业外购原材料，取得增值税专用发票，发票上注明金额 200 万元、增值税额 34 万元，运输途中发生损失 5%，经查实属于非正常损失。向农民收购一批免税农产品，收购凭证上注明买价 40 万元，支付运输费用 3 万元，取得运费结算单据，购进后将其中的 60% 用于企业职工食堂。计算可以抵扣的进项税额。

可抵扣的进项税额 =34×（1-5%）+（40×13%+3×7%）×（1-60%）

=34.46（万元）

【典型例题 2-24】某企业为增值税一般纳税人，10 月产品、材料领用情况：在建的职工文体中心领用外购材料，购进成本为 24.65 万元，其中包括运费 4.65 万元；生产车间领用外购原材料，购进成本为 125 万元；下属宾馆领用为本企业宾馆特制的产品，生产成本为 6 万元（成本利润率为 10%）。

将购进材料用于在建工程，不可以抵扣进项税，应做进项税转出。

进项税转出 =（24.65−4.65）×17%+4.65÷（1−7%）×7%

=3.75（万元）

宾馆领用自产产品，属于视同销售，要缴纳增值税和消费税。

增值税销项税额 =6×（1+10%）×17%

=1.122（万元）

【典型例题 2–25】某自行车厂某月自产的10辆自行车被盗，每辆成本为300元（材料成本占65%），每辆对外销售额为420元（不含税），则：

本月进项税额的抵减额 =10×300×65%×17%

=331.50（元）

【典型例题 2–26】某企业为增值税一般纳税人，兼营增值税应税项目和免税项目。2014年3月应税项目取得不含税销售额1 200万元，适用税率为17%，免税项目取得销售额1 000万元，当月购进用于应税项目的材料支付价款700万元，适用税率为17%，购进用于免税项目的材料支付价款400万元，当月购进应税项目和免税项目共用的自来水进项税额0.6万元，购进共用的电力进项税额1.36万元，进项税额无法在应税项目和免税项目之间准确划分，当月购进项目均取得增值税专用发票，并在当月通过认证并抵扣。请问该企业当月应纳增值税额多少？

当月购进自来水、电力不予抵扣的进项税额 =（0.6+1.36）×1 000÷（1 000+1 200）

=0.89（万元）

当月应纳增值税额 =1 200×17%−700×17%−（0.6+1.36−0.89）

=83.93（万元）

应纳税额的计算

增值税一般纳税人在计算出销项税额和进项税额后就可以得出实际应纳税额。为了正确计算增值税的应纳税额，在实际操作中还需要掌握以下几个重要规定。

（一）计算应纳税额的时间限定

为了保证计算应纳税额的合理、准确性，纳税人必须严格把握当期进项税额从当期销项税额中抵扣这个要点。"当期"是个重要的时间限定，具体是指税务机关依照税法规定对纳税人确定的纳税期限；只有在纳税期限内实际发生的销项税额、进项税额，才是法定的当期销项税额或当期进项税额。

1. 计算销项税额的时间限定

销项税额是增值税一般纳税人销售货物或提供应税劳务按照实现的销售额计算的金额。

纳税人在什么时间计算销项税额，《增值税暂行条例》及其《增值税暂行条例实施细则》都作了严格的规定，以保证准时、准确记录和核算当期销项税额。比如，采取直接收款方式销售货物，不论货物是否发出，均为收到销售款或者取得索取销售款凭据的当天；采取托收承付和委托银行收款方式销售货物，为发出货物并办妥托收手续的当天。

2. 防伪税控专用发票进项税额抵扣的时间限定

国家税务总局在国税函 2009〔617〕号《关于调整增值税扣税凭证抵扣期限有关问题的通知》中规定，**增值税一般纳税人取得 2010 年 1 月 1 日以后开具的增值税专用发票、公路内河货物运输业统一发票和机动车销售统一发票，应在开具之日起 180 日内到税务机关办理认证，并在认**

证通过的次月申报期内，向主管税务机关申报抵扣进项税额。

3. 海关完税凭证进项税额抵扣的时间限定

《关于调整增值税扣税凭证抵扣期限有关问题的通知》（国税函〔2009〕617号）中规定，实行海关进口增值税专用缴款书（以下简称海关缴款书）“先比对后抵扣”管理办法的增值税一般纳税人取得2010年1月1日以后开具的海关缴款书，应在开具之日起180日内向主管税务机关报送《海关完税凭证抵扣清单》（包括纸质资料和电子数据）申请稽核比对。

> 未实行海关缴款书“先比对后抵扣”管理办法的增值税一般纳税人取得2010年1月1日以后开具的海关缴款书，应在开具之日起180日后的第一个纳税申报期结束以前，向主管税务机关申报抵扣进项税额。

（二）计算应纳税额时进项税额不足抵扣的处理

由于增值税实行购进扣税法，有时企业当期购进的货物很多，在计算应纳税额时会出现当期销项税额小于当期进项税额不足抵扣的情况。

> 根据税法规定，当期进项税额不足抵扣的部分可以结转下期继续抵扣。

（三）扣减发生期进项税额的规定

由于增值税实行以当期销项税额抵扣当期进项税额的“购进扣税法”，当期购进的货物或应税劳务如果事先并未确定将用于非生产经营项目，其进项税额会在当期销项税额中予以抵扣。但已抵扣进项税额的购进货物或应税劳务如果事后改变用途，发生《增值税暂行条例》第十条第（一）项至第（五）项所列情况的（即用于非增值税应税项目、用于免征增值税项目、用于集体福利或者个人消费、购进货物发生非正常损失、在产品或产成品发生非正常损失等），将如何处理？

根据《增值税暂行条例》及其实施细则的规定，应当将该项购进货物或者应税劳务的进项税额从当期的进项税额中扣减；无法确定该项进项税额的，按当期实际成本计算应扣减的进项税额。

这里需要注意的是，所称“从当期发生的进项税额中扣减”，是指已抵扣进项税额的购进货物或应税劳务是在哪一个时期发生上述五种情况的，就从这个发生期内纳税人的进项税额中扣减，而无须追溯到这些购进货物或应税劳务抵扣进项税额的那个时期。另外，对无法准确确定该项进项税额的，“按当期实际成本计算应扣减的进项税额”是指其扣减进项税额的计算依据不是按该货物或应税劳务的原进价，而是按发生上述情况的当期该货物或应税劳务的“实际成本”按征税时该货物或应税劳务适用的税率计算应扣减的进项税额。

实际成本＝进价＋运费＋保险费＋其他有关费用

前述实际成本的计算公式，如果属于进口货物是完全适用的；如果是国内购进的货物，主要包括进价和运费两大部分。

（四）销货退回或折让涉及销项税额和进项税额的税务处理

增值税一般纳税人销售货物或者应税劳务，开具增值税专用发票后，发生销售货物退回或者折让、开票有误等情形，应按国家税务总局的规定开具红字增值税专用发票。未按规定开具红字增值税专用发票的，增值税额不得从销项税额中扣减。

纳税人在货物购销活动中，因货物质量、规格等原因常会发生销货退回或销售折让的情况。由于销货退回或折让不仅涉及销货价款或折让价款的退回，还涉及增值税的退回，这样，销货方和购货方应相应对当期的销项税额或进项税额进行调整。为此，《增值税暂行条例》及其实施细则规定，**增值税一般纳税人因销售货物退回或者折让而退还给购买方的增值税额，应从发生销售货物退回或者折让当期的销项税额中扣减；因购进货物退出或者折让而收回的增值税额，应从发生购进货物退出或者折让当期的进项税额中扣减。**

（五）向供货方取得返还收入的税务处理

根据税法规定，对商业企业向供货方收取的与商品销售量、销售额挂钩（如以一定比例、金额、数量计算）的各种返还收入，均应按照平销返利行为的有关规定冲减当期增值税进项税金。应冲减进项税金的计算公式调整如下：

$$\text{当期应冲减进项税金}=\frac{\text{当期取得的返还资金}}{(1+\text{所购货物适用增值税税率})}\times\text{所购货物适用增值税税率}$$

商业企业向供货方收取的各种返还收入，一律不得开具增值税专用发票。

（六）增值税一般纳税人注销时进项税额的处理

增值税一般纳税人注销或取消辅导期增值税一般纳税人资格，转为小规模纳税人时，其存货不作进项税额转出处理，其留抵税额也不予以退税。

（七）关于增值税税控系统专用设备和技术维护费用抵减增值税税额的有关政策

（1）增值税 2011 年 12 月 1 日（含、下同）以后初次购买增值税税控系统专用设备（包括分开票机）支付的费用，可凭购买增值税税控系统专用设备取得的增值税专用发票，在增值税纳税额中全额抵减（抵减额为价税合计额），不足抵减的可结转下期继续抵减。**增值税纳税人非初次购买增值税税控系统专用设备支付的费用，由其自行负担，不得在增值税应纳税额中抵减。**

（2）增值税纳税人 2011 年 12 月 1 日以后缴纳的技术维护费（不含补缴 2011 年 11 月 30 日以前的技术维护费），可凭技术维护服务单位开具的技术维护费发票，在增值税应纳税额中全额抵减，不足抵减的结转下期继续抵减。技术维护费按照价格主管部门核定的标准执行。

（3）**增值税一般纳税人支付的两项费用在增值税应纳税额中全额抵减的，其增值税发票不作为增值税抵扣凭证，其进项税额不得从销项税额中抵扣。**

（4）纳税人购买的增值税税控系统专用设备自购买之日起 3 年内因质量问题无法正常使用的，由专用设备供应商负责免费维修，无法维修的免费更换。

（八）关于纳税人资产重组增值税留抵税额的处理规定

国家税务总局公告 2012 年第 55 号规定，增值税一般纳税人（以下称原纳税人）在资产重组中将全部资产、负债、劳动力一并转让给其他增值税一般纳税人（以下称新纳税人），并按程序办理注销税务登记的，其在办理注销税务登记前尚未抵扣的进项税额可以结转至新纳税人处继续抵扣。这是因为留抵税额，实际上是纳税人对国家的债权。企业进行资产重组，其所有的资产、负债和人员全部由重组后新公司承接，作为该企业债权之一的增值税留抵税额，理应由重组后新公司继续享有。

【典型例题 2-27】某生产企业为增值税一般纳税人，适用增值税税率为 17%，2014 年 1 月份的有关生产经营业务如下：

（1）销售甲产品给某大商场，开具增值税专用发票，取得不含税销售额 80 万元；另外，开具普通发票，取得销售甲产品的送货运输费收入 5.85 万元。

（2）销售乙产品，开具普通发票，取得含税销售额 29.25 万元。

（3）将试制的一批应税新产品用于本企业基建工程，成本价为 20 万元，成本利润率为 10%，该新产品无同类产品市场销售价格。

（4）销售 2010 年 1 月份购进作为固定资产使用过的进口摩托车 5 辆，开具普通发票，每辆取得含税销售额为 1.04 万元；该摩托车原值为每辆 0.9 万元。

（5）购进货物取得增值税专用发票，注明货款 60 万元、增值税额 10.2 万元；另外支付购货的运输费用 6 万元，取得运输公司开具的普通发票。

（6）向农业生产者购进免税农产品一批，支付收购价 30 万元，支付给运输单位运费 5 万元，取得相关的合法票据。本月下旬，将购进的农产品的 20% 用于本企业职工福利。

以上相关票据均符合税法的规定。请按下列顺序计算该企业 5 月应缴纳的增值税额。

（1）计算销售甲产品的销项税额。

（2）计算销售乙产品的销项税额。

（3）计算自用新产品的销项税额。

（4）计算销售使用过的摩托车应纳税额。

（5）计算外购货物应抵扣的进项税额。

（6）计算外购免税农产品应抵扣的进项税额。

（7）计算该企业5月份合计应缴纳的增值税额。

【答案】

（1）销售甲产品的销项税额=80×17%+5.85÷（1+17%）×17%

=14.45（万元）

（2）销售乙产品的销项税额=29.25÷（1+17%）×17%=4.25（万元）

（3）自用新产品的销项税额=20×（1+10%）×17%=3.74（万元）

（4）销售使用过的摩托车应纳税额=1.04÷（1+4%）×4%×50%×5

=0.1（万元）

（5）外购货物应抵扣的进项税额=10.2+6×7%=10.62（万元）

（6）外购免税农产品应抵扣的进项税额=（30×13%+5×7%）×（1−20%）=3.4（万元）

（7）1月份应纳增值税额=14.45+4.25+3.74+0.1−10.62−3.4=8.25（万元）

【典型例题2-28】某生产企业为增值税一般纳税人，生产甲、乙两种产品，采用直接收款结算方式销售货物，2014年3月发生下列经济业务：

（1）开出增值税专用发票，销售甲产品50台，不含税单价为8 000元，并将增值税专用发票交给购货方，已取得销货款，但货物尚未运到购货方。

（2）把20台乙产品分配给投资者，单位成本为6 000元，没有同类产品价格。

（3）基本建设工程领用外购材料 1 000 千克，不含税单价为 50 元，共 50 000 元。

（4）改建、扩建幼儿园领用外购材料 200 千克，不含税单价为 50 元，共 10 000 元，扩建幼儿园领用乙产品 1 台。

（5）本月丢失钢材 8 吨，不含税购进价为 2 000 元 / 吨，作待处理财产损失处理。

（6）本月发生购进货物的全部进项税额为 70 000 元。购进货物增值税税率均为 17%。

根据上述资料，计算该企业本月的增值税销项税额是多少？本月应转出多少进项税额？本月应纳增值税是多少？

销项税额 =［50×8 000+6 000×（1+10%）×21］×17%

=91 562（元）

本月进项税额转出 =（50 000+10 000+2 000×8）×17%

=12 920（元）

本月应缴纳增值税 =91 562-（70 000-12 920）

=34 482（元）

小规模纳税人应纳税额计算

小规模纳税人销售货物或者应税劳务，实行按照销售额和征收率计算应纳税额的简易办法，并不得抵扣进项税额。其应纳税额计算公式如下：

应纳税额 = 销售额 × 征收率

由于小规模纳税人在销售货物或应税劳务时，一般只能开具普通发票，取得的销售收入均为含税销售额。而根据《增值税暂行条例》及其实施细则的规定，小规模纳税人的销售额不包括其应纳税额。为了符合增值税作为价外税的要求，小规模纳税人在计算应纳税额时，必须将含税销售额换算为不含税的销售额后才能计算应纳税额。当小规模纳税人销售货物或者应税劳务采用销售额和应纳税额合并定价方法的，按下列公式计算销售额：

销售额 = 含税销售额 ÷（1+ 征收率）

小规模纳税人因销售货物退回或者折让退还给购买方的销售额，应从发生销售货物退回或者折让当期的销售额中扣减。

【典型例题 2–29】某商业企业为增值税小规模纳税人，3 月取得零售收入总额 12.36 万元。计算该企业 3 月应缴纳的增值税额。

不含税销售额 =12.36 ÷（1+3%）

=12（万元）

应缴纳增值税额 =12 × 3%

=0.36（万元）

【典型例题 2–30】某企业为小规模纳税人，2014 年 4 月取得修理收入 20 600 元，当月出售一台使用过的进口旧设备，收取价税合计数 123 600 元，当月应纳增值税是多少？

取得修理收入应纳增值税 =20 600 ÷（1+3%）× 3%

=600（元）

出售旧设备应纳增值税 =123 600 ÷（1+3%）× 2%

=2 400（元）

当月应纳增值税 =600+2 400

=3 000（元）

进口货物应纳税额的计算

根据《增值税暂行条例》的规定，申报进入中华人民共和国海关境内的货物，均应缴纳增值税。只要是报关进口的应税货物，不论其是国外产制还是我国已出口而转销国内的货物，是进口者自行采购还是国外捐赠的货物，是进口者自用还是作为贸易或其他用途等，均应按照规定缴纳进口环节的增值税。进口货物增值税税率与国内货物一样。

注意

我国对某些进口货物制定了减免税的特殊规定。比如，属于“来料加工、进料加工”贸易方式进口同外的原材料、零部件等在国内加工后复出口的，对进口的料、件按规定给予免税或减税，但这些进口免减税的料件若不能加工复出口，而是销往国内的，就要予以补税。对进口货物是否减免税由国务院统一规定，任何地方、部门都无权规定减免税项目。

进口货物的收货人或办理报关手续的单位和个人，为进口货物增值税的纳税义务人。也就是说，进口货物增值税纳税人的范围较宽，包括了国内一切从事进口业务的企业事业单位、机关团体和个人。

对于企业、单位和个人委托代理进口应征增值税的货物，鉴于代理进口货物的海关完税凭证，有的开具给委托方，有的开具给受托方的特殊性，对代理进口货物以海关开具的完税凭证上的纳税人为增值税纳税人。在实际工作中一般由进口代理者代缴进口环节增值税。纳税后，由代理者将已纳税款和进口货物价款费用等与委托方结算，由委托者承担已纳税款。

纳税人进口货物，应当按照组成计税价格和《增值税暂行条例》规定的税率计算应纳税额。所称组成计税价格，是指在没有实际销售价格时，按照税法规定计算出作为计税依据的价格。进口货物增值税组成计税价格和应纳税额的计算公式如下：

组成计税价格 = 关税完税价格 + 关税 + 消费税

应纳税额 = 组成计税价格 × 税率

注意

（1）进口货物增值税的组成计税价格中包括已纳关税税额，如果进口货物属于消费税应税消费品，其组成计税价格中还要包括进口环节已纳消费税额。

（2）在计算进口环节的应纳增值税额时不得抵扣任何税额，即在计算进口环节的应纳增值税额时，不得抵扣发生在我国境外的各种税金。

（3）按照《海关法》和《进出口关税条例》的规定，一般贸易下进口货物的关税完税价格以海关审定的成交价格为基础的到岸价格作为完税价格。所称成交价格，是一般贸易项下进口货物的买方为购买该项货物向卖方实际支付或应当支付的价格；到岸价格包括货价，加上货物运抵我国关境内输入地点起卸前的包装费、运费、保险费和其他劳务费等费用构成的一种价格。特殊贸易下进口的货物，由于进口时没有“成交价格”可作依据，为此，《进出口关税条例》对这些进口货物制定了确定其完税价格的具体办法。

（4）纳税人进口货物取得的合法海关完税凭证，是计算增值税进项税额的唯一依据，其价格差额部分以及从境外供应商取得的退还或返还的资金，不作进项税额转出处理。

（5）进口货物的增值税由海关代征。个人携带或者邮寄进境自用物品的增值税，连同关税一并计征。具体办法由国务院关税税则委记会会同有关部门制定。

（6）进口货物，增值税纳税义务发生时间为报关进口的当天，其纳税地点应当由进口人或其代理人向报关地海关申报纳税，其纳税期限应当自海关填发海关进口增值税专用缴款书之日起15日内缴纳税款。

【典型例题2-31】某企业（增值税一般纳税人）4月进口货物一批。该批货物在国外的买价为40万元，另该批货物运抵我国海关前发生的包装费、运输费、保险费等共计20万元。货物报关后，企业按规定缴纳了进口环节的增值税并取得了海关开具的海关进口增值税专用缴款书。假定该批进口货物在国内全部销售，取得不含税销售额80万元。

假设货物进口关税税率为15%，增值税税率为17%。请按下列顺序回答问题：

（1）计算关税的组成计税价格。

（2）计算进口环节应纳的进口关税。

（3）计算进口环节应纳增值税的组成计税价格。

（4）计算进口环节应纳增值税额。

（5）计算国内销售环节的销项税额。

（6）计算国内销售环节应纳增值税额。

【答案】

（1）关税的组成计税价格 =40+20=60（万元）

（2）应纳进口关税 =60×15%=9（万元）

（3）进口环节应纳增值税的组成计税价格 =60+9=69（万元）

（4）进口环节应纳增值税额 =69×17%=11.73（万元）

（5）国内销售环节的销项税额 =80×17%=13.6（万元）

（6）国内销售环节应纳增值税额 =13.6−11.73=1.87（万元）

【典型例题 2-32】某企业为增值税一般纳税人，2014 年 3 月进口一批香水精，买价 85 万元，境外运费及保险费共计 5 万元，海关于 3 月 15 日开具了完税凭证，日化厂缴纳进口环节税金后海关放行，计算该企业进口环节应纳增值税（关税税率为 50%，消费税税率为 30%）。

关税完税价格 =85+5

=90（万元）

组成计税价格 =90×（1+50%）÷（1−30%）

=192.86（万元）

进口环节缴纳增值税 =192.86×17%

=32.79（万元）

出口货物退（免）税

出口货物退（免）税是国际贸易中通常采用的并为世界各国普遍接受的、目的在于鼓励各国出口货物公平竞争的一种退还或免征间接税（目前我国主要包括增值税、消费税）的税收措施，即对出口货物已承担或应承担的增值税和消费税等间接税实行退还或者免征。由于这项制度比较公平合理，因此它已成为国际社会通行的惯例。

我国的出口货物退（免）税是指在国际贸易业务中，对我国报关出口的货物退还或免征其在国内各生产和流转环节按税法规定缴纳的增值税和消费税，即对增值税出口货物实行零税率，对消费税出口货物免税。

增值税出口货物的零税率，从税法上理解有两层含义：一是对本道环节生产或销售货物的增值部分免征增值税；二是对出口货物前道环节所含的进项税额进行退付。当然，由于各种货物出口前涉及征免税情况有所不同，且国家对少数货物有限制出口政策，因此，对货物出口的不同情况国家在遵循“征多少、退多少”、“未征不退和彻底退税”基本原则的基础上，制定了不同的税务处理办法。

（一）出口货物退（免）税基本政策

目前，我国的出口货物税收政策分为以下三种形式。

1. 出口免税并退税

出口免税是指对货物在出口销售环节不征增值税、消费税，这是把货物出口环节与出口前的销售环节都同样视为一个征税环节；出口退税是指对货物在出口前实际承担的税收负担，按规定的退税率计算后予以退还。

2. 出口免税不退税

出口免税与上述第1项含义相同。出口不退税是指适用这个政策的出口货物因在前一道生产、销售环节或进口环节是免税的，因此，出口时该货物的价格中本身就不含税，也无须退税。

3. 出口不免税也不退税

出口不免税是指对国家限制或禁止出口的某些货物的出口环节视同

内销环节，照常征税；出口不退税是指对这些货物出口不退还出口前其所负担的税款。

（二）增值税出口退税率

1. 退税率的一般规定

除另有规定外，出口货物退税率为其适用税率。

2. 退税率的特殊规定

（1）外贸企业购进按简易办法征税的出口货物、从小规模纳税人购进的出口货物，其退税率分别为简易办法实际执行的征收率、小规模纳税人征收率。上述出口货物取得增值税专用发票的，退税率按照增值税专用发票上的税率和出口货物退税率孰低的原则确定。

（2）出口企业委托加工修理修配货物，其加工修理修配费用的退税率，为出口货物的退税率。

（3）适用不同退税率的货物劳务，应分开报关、核算并申报退（免）税，未分开报关、核算或划分不清的，从低适用退税率。

（三）出口货物退税的计算

目前，出口货物退税主要有两种退税计算办法：一种是“免、抵、退”办法，主要适用于自营和委托出口自产货物的生产企业；一种是“先征后退”办法，主要用于收购货物出口的外（工）贸企业。

1.“免、抵、退”办法

生产企业出口货物劳务增值税免抵退税，以下列公式计算：

（1）当期应纳税额的计算：

$$\text{当期应纳税额}=\text{当期销项税额}-\left(\text{当期进项税额}-\text{当期不得免征和抵扣税额}\right)$$

$$\text{当期不得免征和抵扣税额}=\text{当期出口货物离岸价}\times\text{外汇人民币牌价}\times\left(\text{出口货物适用税率}-\text{出口货物退税率}\right)-\text{当期不得免征和抵扣税额抵减额}$$

$$\text{当期不得免征和抵扣税额抵减额}=\text{当期免税购进原材料价格}\times\left(\text{出口货物适用税率}-\text{出口货物退税率}\right)$$

出口货物离岸价（FOB）以出口发票计算的离岸价为准。出口发票不能如实反映实际离岸价的，企业必须按照实际离岸价向主管国税机关申报，同时主管税务机关有权依照《中华人民共和国税收征收管理法》、《中华人民共和国增值税暂行条例》等有关规定予以核定。

从上述计算公式看，出口退税在“销项税额”方面并非执行真正的零税率，而是一种“超低税率”，即征税率（17%、13%）与退税率（各货物不同）之差，即税法规定的出口退税“不得免征和抵扣税额”的计算比率。

如果从会计制度看，上述“免抵返税”的计算原理更加清晰。根据企业会计准则的规定，对于实行“免抵退”方法的生产企业，在会计上应当增设如下增值税专栏：

①“出口抵减内销产品应纳税额”借方专栏。

②“出口退税”贷方专栏。

另外，以“进项税额转出”贷方专栏核算“当期免抵返税不得免征和抵扣税额”，以“其他应收款——应收补贴款”科目核算“当期应退税额”。

相关会计处理如下：

①根据“当期免抵退税不得免征和抵扣税额”：

借：主营业务成本

贷：应交税费——应交增值税（进项税额转出）

②根据“当期免抵税额”：

借：应交税费——应交增值税（出口抵减内销产品应纳税额）

贷：应交税费——应交增值税（出口退税）

③根据“当期应返税额”：

借：其他应收款——应收补贴款

贷：应交税费——应交增值税（出口退税）

这笔分录，才是真正的退税。根据“当期应返税额”的计算过程可知，退的是期末未抵扣完的留抵进项税额。由此可见，“出口退税”贷方专栏核算的是“当期免抵税额”与“当期应退税额”之和，即税法中规定的“当期免抵退税额”（即出口销售额 × 退税率）。

而出口货物实际执行的“超低税率”计算的“销项税额”被计入了“进项税额转出”贷方专栏。如果将该部分数额与“出口退税”贷方专栏数额相加，其实也就是内销情况下，应当缴纳的销项税额。所以，“出口退税”贷方专栏反映的并非真正的退税，而是出口货物较内销货物因执行税率的不同而少交的增值税“销项税额”。

（2）当期免抵退税额的计算：

$$\text{当期免抵退税额}=\text{当期出口货物离岸价}\times\text{外汇人民币折合率}\times\text{出口货物退税率}\quad\text{当期免抵退税额抵减额}$$

$$\text{当期免抵退税额抵减额}=\text{当期免税购进原材料价格}\times\text{出口货物退税率}$$

（3）当期应退税额和免抵税额的计算：

①如当期期末留抵税额≤当期免抵退税额，则：

当期应退税额＝当期期末留抵税额

当期免抵税额 = 当期免抵退税额 − 当期应退税额

②如当期期末留抵税额 > 当期免抵退税额，则：

当期应退税额 = 当期免抵退税额

当期免抵税额 =0

当期期末留抵税额为当期增值税纳税申报表中“期末留抵税额”确定。

（4）当期免税购进原材料价格包括当期国内购进的无进项税额且不计提进项税额免税原材料的价格和当期进料加工保税进口料件的价格，其中，当期进料加工保税进口料件的价格为组成计税价格。

当期进料加工保税进口料件的组成计税价格 = 当期进口料件到岸价格 + 海关实征关税 + 海关实征消费税

①采用“实耗法”的，当期进料加工保税进口料件的价格为组成计税价格为当期进料加工出口货物耗用的进口料件组成计税价格。其计算公式如下：

当期进料加工保税进口料件的组成计税价格 = 当期进料加工出口货物离岸价 × 外币人民币折合率 × 计划分配率

计划分配率 = 计划进口总值 ÷ 计划出口总值 ×100%

实行纸质手册和电子化手册的生产企业，应根据海关签发的加工贸易手册或加工贸易电子化纸质单证所列的计划进出口总值计算计划分配率。

实行电子账册的生产企业，计划分配率按前一期已核销的实际分配率确定；新启用电子账册的，计划分配率按前一期已核销的纸质手册或电子化手册的实际分配率确定。

②采用“购进法”的，当期进料加工保税进口料件的价格为组成计税价格为当期实际购进进料加工进口料件组成计税价格。

若当期实际不得免征和抵扣税额抵减额大于当期出口货物离岸价 × 外汇人民币折合率 ×（出口货物适用税率 - 出口货物退税率）的，则：

当期不得免征和抵扣税额抵减额 = 当期出口货物离岸价 × 外汇人民币折合率 ×（出口货物适用税率 - 出口货物退税率）

（5）生产企业免、抵、退税计算实例

【典型例题 2-33】某自营出口的生产企业为增值税一般纳税人，出口货物的征税率为 17%，退税率为 13%。2014 年 4 月的有关经营业务为：购进原材料一批，取得的增值税专用发票注明的价款为 200 万元，外购货物准予抵扣的进项税额 34 万元通过认证。上月末留抵税款 3 万元，本月内销货物不含税销售额 100 万元，收款 117 万元存入银行，本月出口货物的销售额折合人民币 200 万元。试计算该企业当期的“免、抵、退”税额。

（1）当期免抵退税不得免征和抵扣税额 =200 ×（17%-13%）=8（万元）

（2）当期应纳税额 =100 × 17%-（34-8）-3=17-26-3=-12（万元）

（3）出口货物“免、抵、退”税额 =200 × 13%=26（万元）

（4）按规定，如当期期末留抵税额≤当期免抵退税额时：

当期应退税额 = 当期期末留抵税额

即该企业当期应退税额 =12（万元）

（5）当期免抵税额 = 当期免抵退税额 - 当期应退税额

当期免抵税额 =26-12=14（万元）

【典型例题 2-34】某自营出口的生产企业为增值税一般纳税人，出口货物的征税税率为 17%，退税税率为 13%。2014 年 4 月有关经营业务为：购原材料一批，取得的增值税专用发票注明的价款为 400 万元，外购货物准予抵扣的进项税额 68 万元通过认证。上期末留抵税款 5 万元。本月内销货物不含税销售额 100 万元，收款 117 万元存入银行。本月出口货物的销售额折合人民币200万元。试计算该企业当期的“免、抵、退”税额。

（1）当期免抵退税不得免征和抵扣税额 =200×（17%-13%）=8（万元）

（2）当期应纳税额 =100×17%-（68-8）-5=17-60-5=-48（万元）

（3）出口货物“免、抵、退”税额 =200×13%=26（万元）

（4）按规定，如当期期末留抵税额＞当期免抵退税额时：

当期应退税额 = 当期免抵退税额

即该企业当期应退税额 =26（万元）

（5）当期免抵税额 = 当期免抵退税额 - 当期应退税额

该企业当期免抵税额 =26-26=0

（6）期末留抵结转下期继续抵扣税额为22万元（48-26）。

【典型例题2-35】某自营出口生产企业是增值税一般纳税人，出口货物的征税税率为17%，退税税率为13%。2014年4月有关经营业务为：购原材料一批，取得的增值税专用发票注明的价款为200万元，外购货物准予抵扣的进项税额34万元通过认证。当月进料加工免税进口料件的组成计税价格100万元。上期末留抵税款6万元。本月内销货物不含税销售额100万元。收款117万元存入银行。本月出口货物销售额折合人民币200万元。试计算该企业当期的“免、抵、退”税额。

（1）$\text{免抵退税不得免征和抵扣税额抵减额}=\text{免税进口料件的组成计税价格}\times\left(\text{出口货物征税税率}-\text{出口货物退税税率}\right)$

=100×（17%-13%）=4（万元）

（2）免抵退税不得免征和抵扣税额 = 当期出口货物离岸价 × 外汇人民币牌价 ×（出口货物征税税率 - 出口货物退税税率）- 免抵退税不得免征和抵扣税额抵减额 =200×（17%-13%）-4=8-4=4（万元）

（3）当期应纳税额 =100×17%-（34-4）-6=17-30-6=-19（万元）

（4）免抵退税额抵减额 = 免税购进原材料 × 材料出口货物退税税率

=100 × 13%=13（万元）

（5）出口货物“免、抵、退”税额 =200 × 17%−13=13（万元）

（6）按规定，如当期期末留抵税额 > 当期免抵退税额时：

当期应退税额 = 当期免抵退税额

该企业应退税额 =13（万元）

（7）当期免抵税额 = 当期免抵退税额 − 当期应退税额

当期该企业免抵税额 =13−13=0（万元）

（8）期末留抵结转下期继续抵扣税额为 6 万元（19−13）。

2. 先征后退办法

外贸企业出口货物劳务增值税免抵退税，依下列公式计算：

（1）外贸企业出口委托加工修理修配货物以外的货物：

增值税应退税额 = 增值税退（免）税计税依据 × 出口货物退税率

出口企业既有使用增值税免抵退项目，也有增值税即征即退、先征后退项目的，增值税即征即退和先征后退项目不参与出口项目免抵退税计算。出口企业应分别核算增值税免抵退项目和即征即退、先征后退项目，并分别申请享受增值税即征即退、先征后退和免抵退税政策。

用于增值税即征即退或者先征后退项目的进项税额无法划分的，按照下列公式计算：

$$\text{无法划分部分} = \begin{matrix}\text{当月无法划分的}\\ \text{全部进项税额}\end{matrix} \times \begin{matrix}\text{当月增值税即征即退或者}\\ \text{先征后退项目销售额}\end{matrix}$$

$$\div \text{当月全部销售额、营业额合计}$$

【典型例题 2-36】某进出口公司 2014 年 3 月出口美国平纹布 2 000 米，进货增值税专用发票列明单价为 20 元 / 平方米，计税金额

40 000 元，退税税率为 13%。

应退税额 =2 000 × 20 × 13%

=5 200（元）

（2）外贸企业出口委托加工修理修配货物：

外贸企业委托生产企业加工收回后报关出口的货物，按购进国内原辅材料的增值税专用发票上注明的购进金额、依原辅材料的退税率计算原辅材料退税额。支付的加工费，凭受托方开具货物的退税率，计算加工费的应退税额。其计算公式如下：

增值税应退税额 = 委托加工修理修配的增值税退（免）税计税依据 × 出口货物退税率

【典型例题 2-37】某进出口公司 2014 年 4 月购进牛仔布委托加工成服装出口，取得牛仔布增值税专用发票一张，注明计税金额 10 000 元；取得服装加工费计税金额 2 000 元，受托方将原材料成本并入加工修理修配费用并开具了增值税专用发票。假设退税税率为 17%，相关计算如下：

该企业应退税额 =（10 000+2 000）× 17%=2 040（元）。

第 3 节　纳税申报与账务处理

纳税义务发生时间

《增值税暂行条例》明确规定了增值税纳税义务的发生时间。纳税义务发生时间，是纳税人发生应税行为应当承担纳税义务的起始时间。

销售货物或者应税劳务的纳税义务发生时间可以分为一般规定和具体规定。

（一）一般规定

（1）纳税人销售货物或者应税劳务，其纳税义务发生时间为收讫销售款项或者取得索取销售款项凭据的当天；先开具发票的，为开具发票的当天。

（2）纳税人进口货物，其纳税义务发生时间为报关进口的当天。

（3）增值税扣缴义务发生时间为纳税人增值税纳税义务发生的当天。

（二）具体规定

纳税人收讫销售款项或者取得索取销售款项凭据的当天，按销售结算方式的不同，具体为：

（1）采取直接收款方式销售货物，不论货物是否发出，均为收到销售款或者取得索取销售款凭据的当天；对于纳税人生产经营活动中采取直接收款方式销售货物，已将货物移送对方并暂估销售收入入账，但既未取得销售款或取得索取销售款凭据也未开具销售发票的，其增值税纳税义务发生时间为取得销售款或取得索取销售款凭据的当天；先开具发票的，为开具发票的当天。

（2）采取托收承付和委托银行收款方式销售货物，为发出货物并办妥托收手续的当天。

（3）采取赊销和分期收款方式销售货物，为书面合同约定的收款日期的当天，无书面合同的或者书面合同没有约定收款日期的，为货物发出的当天。

（4）采取预收货款方式销售货物，为货物发出的当天，但销售生产工期超过12个月的大型机械设备、船舶、飞机等货物，为收到预收款或者书面合同约定的收款日期的当天。

（50委托其他纳税人代销货物，为收到代销单位的代销清单或者收到全部或者部分货款的当天。未收到代销清单及货款的，为发出代销货物满180天的当天。

（6）销售应税劳务，为提供劳务同时收讫销售款或者取得索取销售款的凭据的当天。

（7）纳税人发生《增值税暂行条例实施细则》第四条第（三）项至第（八）项所列视同销售货物行为，为货物移送的当天。

上述销售货物或应税劳务纳税义务发生时间的确定，明确了企业在计算应纳税额时，对“当期销项税额”时间的限定，是增值税计税和征收管理中重要的规定。目前，一些企业没有按照上述规定的纳税义务发生时间将实现的销售收入及时入账并计算纳税，而是采取延迟入账或不计销售收入等做法，以拖延纳税或逃避纳税，这些做法都是错误的。企业必须按上述规定的时限及时、准确地记录销售额和计算当期销项税额。

纳税期限

在明确了增值税纳税义务发生时间后，还需要掌握具体纳税期限，以保证按期缴纳税款。根据《增值税暂行条例》的规定，增值税的纳税期限分别为1日、30日、5日、10日、15日、1个月或者1个季度。

纳税人的具体纳税期限，由主管税务机关根据纳税人应纳税额的大小分别核定；不能按照固定期限纳税的，可以按次纳税。以1个季度为纳税期限的规定仅适用于小规模纳税人。小规模纳税人的具体纳税期限，由主管税务机关根据其应纳税额的大小分别核定。

纳税人以 1 个月或者 1 个季度为 1 个纳税期的，自期满之日起 15 日内申报纳税；以 1 日、3 日、5 日、10 日或者 15 日为 1 个纳税期的，自期满之日起 5 日内预缴税款，于次月 1 日起 15 日内申报纳税并结清上月应纳税款。

扣缴义务人解缴税款的期限，依照前两款规定执行。

纳税人进口货物，应当自海关填发进口增值税专用缴纳书之日起 15 日内缴纳税款。

纳税人出口货物适用退（免）税规定的，应当向海关办理出口手续，凭出口报关单等有关凭证，在规定的出口退（免）税申报期内按月向主管税务机关申报办理该项出口货物的退（免）税。具体办法由国务院财政、税务主管部门制定。

出口货物办理退税后发生退货或者退关的，纳税人应当依法补缴已退的税款。

纳税地点

为了保证纳税人按期申报纳税，根据企业跨地区经营和搞活商品流通的特点及不同情况，税法还具体规定了增值税的纳税地点：

（1）固定业户应当向其机构所在地的主管税务机关申报纳税。总机构和分支机构不在同一县（市）的，应当分别向各自所在地的主管税务机关申报纳税；经国务院财政、税务主管部门或者其授权的财政、税务机关批准，可以由总机构汇总向总机构所在地的主管税务机关申报纳税。

（3）固定业户到外县（市）销售货物或者应税劳务，应当向其机构所在地的主管税务机关申请开具外出经营活动税收管理证明，并向其机构所在地的主管税务机关申报纳税；未开具证明的，应当向销售地或者劳务发生地的主管税务机关申报纳税；未向销售地或者劳务发生地的主管税务机关申报纳税的，由其机构所在地的主管税务机关补征税款。

（3）非固定业户销售货物或者应税劳务，应当向销售地或者劳务发生地的主管税务机关申报纳税；未向销售地或者劳务发生地的主管税务机关申报纳税的，由其机构所在地或者居住地的主管税务机关补征税款。

（4）进口货物，应当向报关地海关申报纳税。

（5）扣缴义务人应当向其机构所在地或者居住地的主管税务机关申报缴纳其扣缴的税款。

账务处理

为了核算企业应交税费的形成及其缴纳情况，企业应设置“应交税费”科目，并按照应交税费项目进行明细核算。

“应交税费”科目属于负债类科目，其借方登记企业实际缴纳的税费，贷方登记应缴纳的各种税费，以及出口退税、税务机关退回多交的税费等。期末余额在借方，表示企业多交或尚未抵扣的税费；期末余额在贷方，表示企业尚未缴纳的税费。

企业代扣代缴的个人所得税等，也通过本科目核算。需要注意的是，企业交纳的印花税、耕地占用税以及其他不需要预计应交数的税金，不需要通过“应交税费”科目核算。

应交增值税

增值税是对在我国境内销售货物、进口货物，或者提供加工、修理修配劳务的增值额征收的一种流转税。按照纳税人的经营规模和会计核算的健全程度，增值税的纳税义务人分为一般纳税人和小规模纳税人两种。

对于增值税，一般纳税人和小规模纳税人的会账务处理是不同的。总体而言，一般纳税人的账务处理要比较复杂。

（一）增值税一般纳税人的账务处理

从会计核算角度来讲，增值税一般纳税人核算的特点是：在购进货物时，账务处理实行价税分离，价税分别按照增值税专用发票上注明的价款和增值税额确定，属于价款部分的，计入采购成本，属于增值税额部分的，计入进项税额；在销售货物时，销售收入为不含增值税的销售额，向购买方收取的增值税额作为销项税额，如果销售额包含有增值税，应还原为不含税的销售额。

1. 会计科目的设置

为了核算企业应交、已交和未交的增值税，企业应在“应交税费”科目下设置“应交增值税”明细科目进行核算。

“应交税费——应交增值税”科目的借方登记企业购进货物或接受应税劳务支付的进项税额、实际已缴纳的增值税额和月终转出的当月应交未交的增值税额等，贷方登记销售货物或提供应税劳务收取的销项税额、出口货物退税以及进项税额转出数和转出多交增值税等；期末余额在借方，反映企业尚未抵扣的增值税。

同时，企业应在“应交税费——应交增值税”科目下应设置“进项税额”、“销项税额”、“出口退税”、“进项税额转出”、“已交税金”等专栏，并按规定进行核算。

2. 国内采购物资的增值税账务处理

借：在途物资、原材料、库存商品等（按应当计入采购成本的金额）
　　应交税费——应交增值税（进项税额）（按税法规定可抵扣的增值税进项税额）
　贷：应付账款或应付票据（按应付的金额）
　　　银行存款（按实际支付的金额）

购入物资发生退货时，作相反的会计分录。

【典型例题 2-38】某企业为增值税一般纳税人，本期购入一批材料，收到的增值税专用发票上注明材料价款 300 000 元、增值税额 51 000 元。货款已经支付，材料已经到达并验收入库。根据上述业务，企业应作如下账务处理：

借：原材料　　300 000
　　应交税费——应交增值税（进项税额）　　51 000
　贷：银行存款　　351 000

3. 接受应税劳务的增值税账务处理

借：生产成本
　　制造费用
　　委托加工物资等（按应当计入加工、修理修配等物资成本的金额）
　　应交税费——应交增值税（进项税额）（按税法规定可抵扣的增值税进项税）

贷：应付账款等（按应付的金额）

银行存款（按实际支付的金额）

【典型例题 2–39】某企业生产车间委托外单位修理机器设备，对方开来的增值税专用发票上注明修理费用 100 000 元、增值税额 17 000 元，款项尚未支付。根据上述业务，企业应作如下账务处理：

借：制造费用　100 000

应交税费应交增值税（进项税额）　17 000

贷：应付账款　117 000

4. 接受物资投资的增值税账务处理

借：原材料等（按评估价值）

应交税费——应交增值税（进项税额）（按税法规定可抵扣的增值税进项税）

贷：实收资本（按投资者在注册资本中所占有的份额）

资本公积（按差额）

【典型例题 2–40】甲企业接受乙企业以一批材料作价投资，根据协议规定，乙企业享有甲企业 5% 的股权（合计 100 000 元）。乙企业开来的增值税专用发票上注明该批材料价款 110 000 元、增值税额 18 700 元。根据上述业务，应作如下账务处理：

借：原材料　110 000

应交税费——应交增值税（进项税额）　18 700

贷：实收资本　100 000

资本公积　28 700

5. 进口物资的增值税账务处理

借：原材料

库存商品等（按进口物资应计入采购成本的金额）

应交税费——应交增值税（进项税额）（按海关提供的完税凭证上注明的增值税额）

贷：应付账款（按应付的金额）

银行存款（按实际支付的金额）

【典型例题 2-41】某企业进口一批商品，价款 500 000 元，海关提供的完税凭证上注明增值税额 85 000 元。款项已经支付。根据上述业务，应作如下账务处理：

借：原材料 500 000

应交税费——应交增值税（进项税额） 85 000

贷：银行存款 585 000

6. 购进免税农产品等的增值税账务处理

根据现行税法规定，购进农产品，除取得增值税专用发票或者海关进口增值税专用缴款书外，按照农产品收购发票或者销售发票上注明的农产品买价和 13% 的扣除率计算的进项税额。

借：原材料

库存商品等（按买价减去按照税法规定计算的增值税进项税额后的金额）

应交税费——应交增值税（进项税额）（按购入农业产品的买价和税法规定的税率计算的增值税进项税额）

贷：应付账款（按应付的金额）

银行存款（按实际支付的金额）

【典型例题 2-42】某企业为增值税一般纳税人，本期收购农业产品，开出的农产品收购发票注明价款 100 000 元，收购的农业产品已验收入库，款项已经支付。根据上述业务，应作如下账务处理：

可抵扣的进项税额 =100 000×13%=13 000（元）

材料（农产品）购入成本 =100 000−13 000=87 000（元）

借：原材料　87 000

　应交税费——应交增值税（进项税额）　13 000

　贷：银行存款　100 000

7. 不可抵扣项目的增值税账务处理

根据增值税暂行条例及其实施细则的规定，下列项目的进项税额不得从销项税额中抵扣：

（1）用于非增值税应税项目、免征增值税项目、集体福利或者个人消费的购进货物或者应税劳务。

（2）非正常损失的购进货物及相关的应税劳务。

（3）非正常损失的在产品、产成品所耗用的购进货物或者应税劳务。

（4）国务院财政、税务主管部门规定的纳税人自用消费品。

（5）本条第（1）项至第（4）项规定的货物的运输费用和销售免税货物的运输费用。

《小企业会计准则》规定，购入材料等按照税法规定不得从增值税销项税额中抵扣的进项税额，其进项税额应计入材料等的成本，不通过本科目（应交增值税——进项税额）核算。具体账务处理为：

借：在途物资等

　贷：银行存款

【典型例题 2-43】5 月 18 日，某企业购入一批材料，收到的增值税专用发票上注明材料价款 100 000 元、增值税额 17 000 元（按税法规定属于不得抵扣项目），材料已入库，货款已经支付。根据上述业务，应作如下账务处理：

借：原材料 117 000

贷：银行存款 117 000

8. 销售商品或提供应税劳务的增值税账务处理

借：应收账款

应收票据

银行存款等（按收入金额和应收取的增值税销项税额）

贷：主营业务收入（按确认的营业收入金额）

应交税费——应交增值税（销项税额）（按税法规定应交纳的增值税销项税额）

发生的销售退回，作相反的会计分录。

【典型例题 2-44】某企业销售一批产品，开出的增值税专用发票上注明商品价款 200 000 元、增值税额 34 000 元。款项尚未收到。根据上述业务，应作如下账务处理：

借：应收账款 234 000

贷：主营业务收入 200 000

应交税费——应交增值税（销项税额） 34 000

【典型例题 2-45】某企业为外单位加工一批产品，收取加工费 100 000 元，适用的增值税率为 17%，款项已经全部收到。根据上述业务，应作如下账务处理：

借：银行存款 117 000

贷：主营业务收入 100 000

应交税费——应交增值税（销项税额） 17 000

9. 视同销售行为的增值税账务处理

企业将自产或委托加工的货物用于非应税项目、作为投资、集体福利消费、赠送他人等，应视同销售物资计算应交增值税。

借：在建工程

长期股权投资

应付职工薪酬等

贷：应交税费——应交增值税（销项税额）

【典型例题 2-46】甲企业用材料对乙企业进行投资，该批材料的实际成本为 100 000 元，计税价格为 120 000 元，增值税税率为 17%。甲企业已经开出了增值税专用发票给乙企业。根据上述经济业务，甲企业应作如下账务处理：

应交增值税 =120 000 × 17%=20 400（元）

借：长期股权投资　　120 400

贷：原材料　　100 000

应交税费——应交增值税（销项税额）　　20 400

【典型例题 2-47】某企业将自己生产的一批产品用于在建工程项目。该批产品的实际成本为 160 000 元，计税价格为 200 000 元，增值税税率为 17%。根据上述经济业务，应作如下账务处理：

应交增值税 =200 000 × 17%=34 000（元）

借：在建工程　　194 000

贷：原材料　　160 000

应交税费——应交增值税（销项税额）　　34 000

10. 出口退税的增值税账务处理

第一，实行“免、抵、退”管理办法的企业，按规定计算的当期出口物资不予免征、抵扣和退税的税额，计入出口物资成本。

借：主营业务成本（按税法规定计算的当期出口产品不予免征、抵扣和退税的增值税额）

贷：应交税费——应交增值税（进项税额转出）

按税法规定计算的当期应予抵扣的增值税额：

借：应交税费——应交增值税（出口抵减内销产品应纳税额）

贷：应交税费——应交增值税（出口退税）

因应抵扣的税额大于应纳税额而未全部抵扣，按规定应予退回的税款：

借：其他应收款

贷：应交税费——应交增值税（出口退税）

收到退回的税款时：

借：银行存款

贷：其他应收款

【典型例题 2-48】某企业实行“免、抵、退“的退税办法。期初，企业进项税额为 50 000 元，本期进项税额为 70 000 元，所有进项税额均可抵扣。本期企业出口产品销售收入为 1 000 000 元，内销产品销售收入为 2 000 000 元，按规定其出口产品的退税率为 14%（有关收入的会计分录略）。根据上述经济业务，应作如下账务处理：

（1）计算当期不予免抵退的税额：

当期不予免抵退的税额 =1 000 000 ×（17%–14%）=30 000（元）

借：主营业务成本　　30 000

贷：应交税费——应交增值税（进项税额转出）　　30 000

（2）计算当期应予抵扣的税额：

当期内销产品销项税额 =2 000 000 × 17%=340 000（元）

当期内销产品应纳税额 =340 000-（50 000+70 000-30 000）

=250 000（元）

当期出口退税额 =1 000 000×14%=140 000（元）

因出口退税 140 000 元小于内销产品应纳税额 250 000 元，可于当期全部扣减：

借：应交税费——应交增值税（出口抵减内销产品应纳税额）140 000

贷：应交税费——应交增值税（出口退税） 140 000

【典型例题 2-49】某企业实行“免、抵、退“的退税办法。期初，企业进项税额为 100 000 元，本期进项税额为 200 000 万元，所有进项税额均可抵扣。本期企业出口产品销售收入 5 000 000 元，内销产品销售收入 3 000 000 元，按规定其出口产品的退税率为 14%。根据上述经济业务，应作如下账务处理（有关收入的会计分录略）：

（1）计算当期不予免抵退的税额：

当期不予免抵退的税额 =5 000 000×（17%-14%）=150 000（元）

借：主营业务成本 150 000

贷：应交税费——应交增值税（进项税额转出） 150 000

（2）计算当期应予抵扣的税额：

当期内销产品销项税额 =3 000 000×17%=510 000（元）

当期内销产品应纳税额 =510 000-（100 000+200 000-150 000）

=360 000（元）

当期出口退税额 =5 000 000×14%=700 000（元）

应退税款 =700 000-360 000=340 000（元）

借：应交税费——应交增值税（出口抵减内销产品应纳税额）360 000

其他应收款 340 000

贷：应交税费——应交增值税（出口退税）　　　　700 000

第二，未实行“免、抵、退”管理办法的企业，出口产品实现销售收入时。

借：应收账款（按应收的金额）

其他应收款（按税法规定应收的出口退税）

主营业务成本（按税法规定不予退回的增值税额）

贷：主营业务收入（按确认的销售商品收入）

应交税费——应交增值税（销项税额）（按税法规定应缴纳的增值税额）

收到退回的税款时：

借：银行存款

贷：其他应收款

【典型例题 2-50】某企业不实行“免、抵、退“的退税办法。本期企业出口产品销售收入为 1 000 000 元，按规定其出口产品的退税率为 14%（有关收入的会计分录略）。根据上述经济业务，应作如下账务处理：

当期不予免抵退的税额 =1 000 000 ×（17%–14%）=30 000（元）

当期出口退税额 =1 000 000 × 14%=140 000（元）

借：主营业务成本　　　　30 000

其他应收款　　　　140 000

贷：应交税费——应交增值税（销项税额）　　　　170 000

11. 出售包装物的增值税账务处理

随同商品出售单独计价的包装物，按规定收取的增值税。

借：应收账款等

贷：应交税费——应交增值税（销项税额）

【典型例题 2–51】某企业随同商品销售一批包装物（单独计价），取得收入 50 000 元（含增值税）。该包装物适用的增值税税率为 17%，款项尚未收到。根据上述经济业务，应作如下账务处理：

不含税销售额 =50 000 ÷（1+17%）=42 735（元）

应交增值税 =42 735 × 17%=7 265（元）

借：应收账款　50 000

　贷：其他业务收入　42 735

　　应交税费——应交增值税（销项税额）　7 265

12. 按规定不得抵扣的进项额的账务处理

购进的物资、在产品、产成品因盘亏、毁损、报废、被盗，以及购进物资改变用途等原因按照税法规定不得从增值税销项税额中抵扣的进项税额，其进项税额应转入有关科目。

借：待处理财产损溢等

　贷：应交税费——应交增值税（进项税额转出）

【典型例题 2–52】某企业发生事故，损失一批生产材料，该批材料的实际成本为 50 000 元，增值税进项税额为 8 500 元。根据上述经济业务，应作如下账务处理：

借：待处理财产损溢——待处理流动资产损溢　58 500

　贷：原材料　50 000

　　应交税费——应交增值税（进项税额转出）　8 500

13. 交纳增值税的账务处理

借：应交税费——应交增值税（已交税金）

　贷：银行存款

【典型例题 2–53】某企业以银行存款缴纳本月增值税 100 000 元。

根据上述经济业务，应作如下账务处理：

借：应交税费——应交增值税（已交税金）　　100 000

　贷：银行存款　　100 000

（二）增值税小规模纳税人的账务处理

增值税小规模纳税人的特点有：一是小规模纳税人销售货物或者提供应税劳务，一般情况下，只能开具普通发票，不能开具增值税专用发票；二是小规模纳税人销售货物或提供应税劳务，实行简易办法计算应纳税额，按照销售额的一定比例（现行税法规定的小规模纳税人增值税征收率为3%）计算；三是小规模纳税人的销售额一般不包括其应纳税额，采用销售额和应纳税额合并定价方法的，按照公式“销售额＝含税销售额÷（1+征收率）”还原为不含税销售额计算；四是小规模纳税人不享有进项税额的抵扣权，其购进货物和接受应税劳务时支付的增值税，直接计入有关货物和劳务的成本。

因此，增值税小规模纳税人不存在“进项税额”、“进项税额转出”、“销项税额”等的计算与核算问题，不必在“应交税费——应交增值税”科目中设置专栏。小规模纳税人购入物资和接受劳务，其收到的增值税专用发票上注明的增值税额，计入购入物资及接受劳务的成本，不通过“应交税费——应交增值税（进项税额）”科目核算。

对于小规模纳税人来说，其“应交税费——应交增值税”科目的贷方登记企业应缴纳的增值税，借方登记企业已缴纳的增值税，期末贷方余额为尚未缴纳的增值税，期末借方余额为多缴纳的增值税。

【典型例题 2-54】某工业生产企业被核定为小规模纳税人。该企业本期购入材料一批，取得的增值税专用发票上注明材料价款 200 000

元、增值税额 34 000 元。企业开出转账支票支付了全部价款，材料也已经验收入库。此外，该企业本期还销售产品一批，开出的普通发票上注明货款（含税）515 000 元，增值税征收率为 3%，款项已经收到。月末，企业以银行存款缴纳了本月所应交的全部增值税款。根据上述经济业务，应作如下账务处理：

（1）购进货物时：

借：原材料　　234 000

　贷：银行存款　　234 000

（2）销售货物时：

不含税价格 = 含税销售额 ÷（1+ 征收率）

=515 000 ÷（1+3%）

=500 000（元）

借：银行存款　　515 000

　贷：主营业务收入　　500 000

　　应交税费——应交增值税　　15 000

（3）月末，缴纳增值税时：

借：应交税费——应交增值税　　15 000

　贷：银行存款　　15 000

SHOU BA SHOU
JIAO NI
ZUO NA SHUI

03 消费税

消费税是指对消费品和特定的消费行为按消费流转额征收的一种商品税。一般来说，消费税都是对特定消费品或特定消费行为（如奢侈品等）课税，普通商品并不涉及。

现行消费税法的基本规范，是2008年11月5日经国务院第34次常务会议修订通过并颁布，自2009年1月1日起施行的《中华人民共和国消费税暂行条例》（以下简称《消费税暂行条例》），以及2008年12月15日财政部、国家税务总局第51号令颁布的《中华人民共和国消费税暂行条例实施细则》（以下简称《消费税暂行条例实施细则》）。

第1节　消费税概述

纳税义务人

根据规定：在中华人民共和国境内生产、委托加工和进口消费税暂行条例规定的消费品的单位和个人，以及国务院确定的销售消费税暂行条例规定的消费品的其他单位和个人，为消费税的纳税人，应当依照消费税暂行条例缴纳消费税。

单位是指企业、行政单位、事业单位、军事单位、社会团体及其他单位。个人是指个体工商户及其他个人。在中华人民共和国境内，是指生产、委托加工和进口属于应当缴纳消费税的消费品的起运地或者所在地在境内。

征税范围

消费税的征税范围分布于以下四个环节。

（一）生产应税消费品

生产应税消费品销售是消费税征收的主要环节。由于消费税具有单一环节征税的特点，在生产销售环节征税以后，货物在流通环节无论再流转多少次，不用再缴纳消费税。

生产应税消费品除了直接对外销售应征收消费税外，纳税人将生产的应税消费品换取生产资料、消费资料、投资入股、偿还债务，以及用于继续生产应税消费品以外的其他方面都应缴纳消费税。

注意

工业企业以外的单位和个人的下列行为视为应税消费品的生产行为，按规定征收消费税：

（1）将外购的消费品非应税产品以消费税应税产品对外销售的。

（2）将外购的消费品低税率应税产品以高税率应税产品对外销售的。

（二）委托加工应税消费品

委托加工应税消费品是指委托方提供原料和主要材料，受托方只收取加工费和代垫部分辅助材料加工的应税消费品。

注意

由受托方提供原材料或其他情形的一律不能视同加工应税消费品。

委托加工的应税消费品收回后，再继续用于生产应税消费品销售的，其加工环节缴纳的消费税款可以扣除。

（三）进口应税消费品

单位和个人进口货物属于消费税征税范围的，在进口环节也要缴纳消费税。为了减少征税成本，进口环节缴纳的消费税由海关代征。

（四）零售应税消费品

目前，在零售环节征收增值税的只有金银首饰、钻石及钻石饰品。其中，金银首饰仅限于金基、银基合金首饰以及金、银和金基、银基合金的镶嵌首饰。

注意

对既销售金银首饰，又销售非金银首饰的生产、经营单位，应将两类商品划分清楚，分别核算销售额。凡划分不清楚或不能分别核算的，在生产环节销售的，一律从高适用税率征收消费税；在零售环节销售的，一律按金银首饰征收消费税。金银首饰与其他产品组成成套消费品销售的，应按销售额全额征收消费税。

金银首饰连同包装物销售的，无论包装是否单独计价，也无论会计上如何核算，均应并入金银首饰的销售额，计征消费说。

带料加工的金银首饰，应按受托方销售同类金银首饰的销售价格确定计税依据征收消费税。没有同类金银首饰销售价格的，按照组成计税价格计算纳税。

纳税人采用以旧换新（含翻新改制）方式销售的金银首饰，应按实际收取的不含增值税的全部价款确定计税依据征收消费税。

消费税与增值税异同比较见表 3–1。

表 3–1　消费税与增值税异同比较

不同	相同
1. 征税的范围不同。消费税征税范围现在是 14 种应税消费品，而增值税是所有的有形动产和应税劳务	应税消费品在特定环节既要交增值税也要交消费税，当两个税同时征收时，两个税的计税依据（销售额）在从价定率征收的情况下一般是相同的
2. 征税环节不同。消费税征税环节是一次性的（单一的）；增值税在货物每一个流转环节都要缴纳	
3. 计税方法不同。消费税是从价征收、从量征收和从价从量征收，选择某一种方法时是根据应税消费品选择计税的方法；增值税是根据纳税人选择计税的方法	

税目与税率

（一）税目

按照《消费税暂行条例》的规定，我国征收消费税的有烟、酒、化妆品等 14 个税目，其中有的税目还进一步划分若干子目。

1. 烟

凡是以烟叶为原料加工生产的产品，不论使用何种辅料，均属于本税目的征收范围。包括卷烟（进口卷烟、白包卷烟、手工卷烟和未经国务院批准纳入计划的企业及个人生产的卷烟）、雪茄烟和烟丝。

2. 酒及酒精

酒是酒精度在 1 度以上的各种酒类饮料。酒精又名乙醇，是指用蒸馏或合成方法生产的酒精度在95度以上的无色透明液体。酒类包括粮食白酒、薯类白酒、黄酒、啤酒和其他酒。酒精包括各种工业酒精、医用酒精和食用酒精。

3. 化妆品

化妆品包括各类美容、修饰类化妆品、高档护肤类化妆品和成套化妆品。美容、修饰类化妆品是指香水、香水精、香粉、口红、指甲油、胭脂、眉笔、唇笔、蓝眼油、眼睫毛以及成套化妆品。

舞台、戏剧、影视演员化妆用的上妆油、卸装油、油彩、不属于本税目的征收范围。

4. 贵重首饰及珠宝玉石

贵重首饰及珠宝玉石包括：凡以金、银、白金、宝石、珍珠、钻石、翡翠、珊瑚、玛瑙等高贵稀有物质以及其他金属、人造宝石等制作的各种纯金银首饰及镶嵌首饰和经采掘、打磨、加工的各种珠宝玉石。对出国人员免税商店销售的金银首饰征收消费税。

5. 鞭炮、焰火

鞭炮、焰火包括：各种鞭炮、焰火。体育上用的发令纸、鞭炮药引线，不按本税目征收。

6. 成品油

成品油包括汽油、柴油、石脑油、溶剂油、航空煤油、润滑油、燃料油等子目。

7. 汽车轮胎

汽车轮胎是指用于各种汽车、挂车、专用车和其他机动车上的内外轮胎，不包括农用拖拉机、收割机、手扶拖拉机的专用轮胎，以及子午线轮胎免征消费税，翻新轮胎。

8. 小汽车

小汽车是指由动力驱动，具有四个或四个以上车轮的非轨道承载的车辆。

电动汽车不属于本税目征收范围。车身长度大于 7 米（含），并且座位在 10 ～ 23 座（含）以下的商用客车，不属于中轻型商用客车征税范围，不征收消费税。沙滩车、雪地车、卡丁车、高尔夫车不属于消费税征收范围，不征收消费税。

9. 摩托车

摩托车包括轻便摩托车和摩托车两种。对最大设计车速不超过 50km/h，发动机汽缸总工作容量不超过 5ml 的三轮摩托车不征收消费税。

10. 高尔夫球及球具

高尔夫球及球具是指从事高尔夫球运动所需的各种专用装备，包括高尔夫球、高尔夫球杆及高尔夫球包（袋）等。

11. 高档手表

高档手表是指销售价格（不食增值税）每只在 10 000 元（含）以上的各类手表。

12. 游艇

游艇是指长度大于 8 米小于 90 米，船体由玻璃钢、钢、铝合金、塑料等多种材料制作，可以在水上移动的水上浮载体。按照动力划分，游艇分为无动力艇、帆艇和机动艇。

13. 木制一次性筷子

木制一次性筷子又称卫生筷子，是指以木材为原料经过锯段、浸泡、旋切、刨切、烘干、筛选、打磨、倒角、包装等环节加工而成的各类供一次性使用的筷子。

未经打磨、倒角的木制一次性筷子也属于本税目征税范围。

14. 实木地板

实木地板是指以木材为原料，经锯割、干燥、刨光、截断、开榫、涂漆等工序加工而成的块状或条状的地面装饰材料。未经涂饰的素板也属于本税目征税范围。

（二）税率

在我国，消费税采用比例税率和定额税率两种形式，以适应不同应税消费品的实际情况。

消费税根据不同的税目或子目确定相应的税率或单位税额。例如，粮食白酒税率为 20%，摩托车税率为 3% 等；黄酒、啤酒、汽油、柴油等分别按单位重量或单位体积确定单位税额。各个税目的具体税率见表 3–2。

表 3–2　消费税税目税率表

税　目	税率（税额）	计税单位	范　围	说　明
一、烟				
卷烟	56% 且 150 元 / 箱		每标准条（200 支）对外调拨价 ≥ 70	每标准箱（50 000 支，下同）150 元
	36% 且 150 元 / 箱		每标准条（200 支）对外调拨价 <70	
雪茄烟	36%		包括各种规格、型号的雪茄烟	
烟丝	30%		包括以烟叶为原料加工生产的不经卷制的散装烟	
卷烟批发环节	5%		2009 年 5 月 1 日起	

（续表）

税　目	税率（税额）	计税单位	范　围	说　明
二、酒及酒精				
白酒	20% 及 0.5 元 / 斤			
黄酒	240 元	吨		
啤酒	250 元	吨	每吨出厂价（含包装物及包装物押金）≥ 3 000 元，不含增值税	果啤属于啤酒科目
	220 元	吨	每吨出厂价（含包装物及包装物押金）<3 000 元，不含增值税	
	250 元	吨	娱乐业和饮食业自制的	
其他酒	10%		对以蒸馏酒或食用酒精为酒基，具有国食健字或卫食健字文号且酒精≤ 38 度，或以发酵酒为酒基，酒精度≤ 20 度的配制酒，按“其他酒 10% 适用税率征收消费税 其他配制酒按白酒 20% 税率征收消费税 糠麸白酒、其他原料白酒属于其他酒，10% 调味酒不属于消费税征税范围	
酒精	5%			
三、化妆品	30%		包含美容、修饰类化妆品、成套化妆品、高档类化妆品 不含舞台、戏剧、影视演员化妆用的上妆油、卸妆油、油彩	
四、贵重首饰及珠宝玉石				
金银首饰	5%		与金、银、金基、银基、铂金、钻相关的首饰和饰品在零售环节纳税	

（续表）

<table>
<tr><th>税　目</th><th>税率
（税额）</th><th>计税
单位</th><th>范　围</th><th>说　明</th></tr>
<tr><td>非金银首饰</td><td>10%</td><td></td><td colspan="2">其他与金基、银基、铂金、钻无关的贵重首饰及珠宝玉石在生产（出厂）、进口、委托加工环节纳税</td></tr>
<tr><td>五、鞭炮、焰火</td><td>15%</td><td></td><td>包括各种鞭炮、焰火</td><td>不含体育上用的发令纸，鞭炮药引线</td></tr>
<tr><td colspan="5">六、成品油</td></tr>
<tr><td>无铅汽油</td><td>1.00 元</td><td>升</td><td colspan="2" rowspan="5">1. 变压器油、导热类油等绝缘油类，不征消费税（新规定）
2. 航空煤油暂缓征收消费税
3. 同时符合①生产原料中废弃的动物油和植物油用量≥ 70%；②生产的纯生物柴油符合国家标准（BD100）</td></tr>
<tr><td>含铅汽油</td><td>1.40 元</td><td>升</td></tr>
<tr><td>柴油</td><td>0.80 元</td><td>升</td></tr>
<tr><td>石脑油</td><td>1.00 元</td><td>升</td></tr>
<tr><td>溶剂油</td><td>1.00 元</td><td>升</td></tr>
<tr><td>润滑油</td><td>1.00 元</td><td>升</td><td colspan="2" rowspan="3">4. 成品油生产企业在生产成品油过程中，作为燃料、动力及原料消耗掉的自产成品油，免征消费税（新规定）
5. 各子目计税时，吨与升之间计量单位换算标准的调整由财政部、国家税务总局确定</td></tr>
<tr><td>燃料油</td><td>0.80 元</td><td>升</td></tr>
<tr><td>航空煤油</td><td>0.80 元</td><td>升</td></tr>
<tr><td>七、汽车轮胎</td><td>3%</td><td></td><td colspan="2">1. 含摩托车轮胎、汽车与农用拖拉机、收割机等通用轮胎
2. 不含农用拖拉机、收割机和手扶拖拉机专用轮胎
3. 子午线轮胎免征消费税</td></tr>
<tr><td colspan="5">八、摩托车</td></tr>
<tr><td>1. 汽缸容量≤ 250ML</td><td>3%</td><td></td><td></td><td></td></tr>
<tr><td>2. 汽缸容量>250ML</td><td>10%</td><td></td><td></td><td></td></tr>
</table>

（续表）

税　目	税率（税额）	计税单位	范　围	说　明
九、小汽车				
1. 乘用车	1%		气缸容量 <1 000 毫升	1. 含 9 座内乘用车、10 ~ 23 座内中轻型商用客车 2. 电动汽车及沙滩车、雪地车、卡丁车、高尔夫车等不征消费税 3. 企业用购进货车或厢式货车改装生产的商务车、卫星通信车等专用汽车在此范围
	3%		1 000 毫升 < 气缸容量 ≤ 1 500 毫升	
	5%		1 500 毫升 < 气缸容量 ≤ 2 000 毫升	
	9%		2 000 毫升 < 气缸容量 ≤ 2 500 毫升	
	12%		2 500 毫升 < 气缸容量 ≤ 3 000 毫升	
	25%		3 000 毫升 < 气缸容量 ≤ 4 000 毫升	
	40%		气缸容量 >4 000 毫升	
2. 中轻型商用客车	5%			
十、高尔夫球及球具	10%		包括高尔夫球、高尔夫球杆、高尔夫球包（袋）、高尔夫球杆的杆头、杆身和握把	
十一、高档手表	20%		售价（不含增值税）≥ 10 000/ 只以上	
十二、游艇	10%		本税目只涉及机动艇	
十三、木制一次性筷子	5%			
十四、实木地板	5%		各种实木地板、实木指接地板、实木复合地板及用于装饰墙壁、天棚的侧端面为榫、槽的实木装饰板，及未经涂饰的素板	

第2节　应纳税额的计算

按照现行消费税法的基本规定，消费税应纳税额的计算主要分为从价计征、从量计征和从价从量复合计征三种方法。

注意

消费税属于价内税，并实行单一环节征收，一般在应税消费品的生产、委托加工和进口环节缴纳，在以后的批发、零售等环节中，由于价款中已包含消费税，因此不必再缴纳消费税。

消费税的计税依据

由于消费税实行不同的计税方法，因此要正确计算消费税，首先必须先了解相应的计税依据。

（一）从价计征

在从价计征方法下，消费税的应纳税额等于应税消费品的销售额乘以适用税率，因此应纳税额的多少取决于应税消费品的销售额和适用税率两个因素。

1. 销售额的确定

销售额为纳税人销售应税消费品向购买方收取的全部价款和价外费

用。价外费用是指价外向购买方收取的手续费、补贴、基金、集资费、返还利润、奖励费、违约金、滞纳金、延期付款利息、赔偿金、代收款项、代垫款项、包装费、包装物租金、储备费、优质费、运输装卸费以及其他各种性质的价外收费。但下列项目不包括在内：

（1）同时符合以下条件的代垫运输费用：

①承运部门的运输费用发票开具给购买方的。

②纳税人将该项发票转交给购买方的。

（2）同时符合以下条件代为收取的政府性基金或者行政事业性收费：

①由国务院或者财政部批准设立的政府性基金，由国务院或者省级人民政府及其财政、价格主管部门批准设立的行政事业性收费。

②收取时开具省级以上财政部门印制的财政票据。

③所收款项全额上缴财政。

其他价外费用，无论是否属于纳税人的收入，均应并入销售额计算征税。

注意

实行从价定率办法计算应纳税额的应税消费品连同包装销售的，无论包装是否单独计价，也不论在会计上如何核算，均应并入应税消费品的销售额中征收消费税。如果包装物不作价随同产品销售，而是收取押金，此项押金则不应并入应税消费品的销售额中征税。但对因逾期未收回的包装物不再退还的或者已收取的时间超过 12 个月的押金，应并入应税消费品的销售额，按照应税消费品的适用税率缴纳消费税。

对既作价随同应税消费品销售，又另外收取押金的包装物的押金，凡纳税人在规定的期限内没有退还的，均应并入应税消费品的销售额，按照应税消费品的适用税率缴纳消费税。

纳税人销售的应税消费品，以外汇结算销售额的，其销售额的人民币折合率可以选择结算的当天或者当月 1 日的国家外汇牌价（原则上为中间价）。纳税人应在事先确定采取何种折合率，确定后 1 年内不得变更。

2. 含增值税销售额的换算

应税消费品在缴纳消费税的同时，与一般货物一样，还应缴纳增值税。**按照《消费税暂行条例实施细则》的规定，应税消费品的销售额，不包括应向购货方收取的增值税款。**

如果纳税人应税消费品的销售额中未扣除增值税款或者因不得开具增值税专用发票而发生价款和增值税额合并收取的，在计算消费税时，应将含增值税的销售额换算为不含增值税款的销售额。其换算公式如下：

$$\text{应税消费品的销售额} = \text{含增值税的销售额} \div (1+\text{增值税税率或征收率})$$

在使用换算公式时，应根据纳税人的具体情况分别使用增值税税率或征收率。如果消费税的纳税人同时又是增值税一般纳税人的，应适用 17% 的增值税税率；如果消费税的纳税人是增值税小规模纳税人的，应适用 3% 的征收率。

（二）从量计征

在从量定额计算方法下，应纳税额等于应税消费品的销售数量乘以单位税额，应纳税额的多少取决于应税消费品的销售数量和单位税额两个因素。

1. 销售数量的确定

销售量是指纳税人生产、加工和进口应税消费品的数量。具体规定如下：

（1）销售应税消费品的，为应税消费品的销售数量。

（2）自产自用应税消费品的，为应税消费品的移送使用数量。

（3）委托加工应税消费品的，为纳税人收回的应税消费品数量。

（4）进口的应税消费品，为海关核定的应税消费品进口征税数量。

2. 计量单位的换算标准

《消费税暂行条例》规定，黄酒、啤酒以吨为税额单位；汽油、柴油以升为税额单位。但是，考虑到在实际销售过程中，一些纳税人会把吨或升这两个计量单位混用，故规范了不同产品的计量单位；以准确计算应纳税额，吨与升两个计量单位的换算标准见表 3–3。

表 3–3　吨、升换算表

序号	名称	计量单位的换算标准
1	黄酒	1 吨 =962 升
2	啤酒	1 吨 =988 升
3	汽油	1 吨 =1 388 升
4	柴油	1 吨 =1 176 升
5	航空煤油	1 吨 =1 246 升
6	石脑油	1 吨 =1 385 升
7	溶剂油	1 吨 =1 282 升
8	润滑油	1 吨 =1 126 升
9	燃料油	1 吨 =1 015 升

（三）从价从量复合计征

现行消费税的征税范围中，只有卷烟、白酒采用复合计征方法。应纳税额等于应税销售数量乘以定额税率再加上应税销售额乘以比例税率。

生产销售卷烟、白酒从量定额计税依据为实际销售数量。进口、委托加工、自产自用卷烟、白酒从量定额计税依据分别为海关核定的进口征税数量、委托方收回数量、移送使用数量。

提示：计税依据的特殊规定

第一，纳税人通过自设非独立核算门市部销售的自产应税消费品，应当按照门市部对外销售额或者销售数量征收消费税。

第二，纳税人用于换取生产资料和消费资料，投资入股和抵偿债务等方面的应税消费品，应当以纳税人同类应税消费品的最高销售价格作为计税依据计算消费税。

第三，酒类关联企业间关联交易消费税问题处理。

根据《中华人民共和国税收征收管理法实施细则》第三十八条的规定，纳税人与关联企业之间的购销业务，不按照独立企业之间的业务往来作价的，税务机关可以按照下列方法调整其计税收入额或者所得额，核定其应纳税额：

（1）按照独立企业之间进行相同或者类似业务活动的价格。

（2）按照再销售给无关联关系的第三者的价格所取得的收入和利润水平。

（3）按照成本加合理的费用和利润。

（4）按照其他合理的方法。

对已检查出的酒类生产企业在本次检查年度内发生的利用

关联企业关联交易行为规避消费税问题，各省、自治区、直辖市、计划单列市国家税务局可根据本地区被查酒类生产企业与其关联企业间不同的核算方式，选择以上处理方法调整其酒类产品消费税计税收入额，核定应纳税额，补缴消费税。

白酒生产企业向商业销售单位收取的“品牌使用费”是随着应税白酒的销售而向购货方收取的，属于应税白酒销售价款的组成部分，因此，不论企业采取何种方式或以何种名义收取价款，均应并入白酒的销售额中缴纳消费税。

第四，兼营不同税率应税消费品的税务处理。

纳税人生产销售应税消费品，如果不是单一经营某一税率的产品，而是经营多种不同税率的产品，这就是兼营行为。由于《消费税暂行条例》税目税率表列举的各种应税消费品的税率高低不同，因此，纳税人在兼营不同税率应税消费品时，税法就要针对其不同的核算方式分别规定税务处理办法，以加强税收管现，避免因核算方式不同而出现税款流失的现象。

纳税人兼营不同税率的应税消费品，应当分别核算不同税率应税消费品的销售额、销售数量。未分别核算销售额、销售数量，或者将不同税率的应税消费品组成成套消费品销售的，从高适用税率。

需要解释的是，纳税人兼营不同税率的应税消费品，是指纳税人生产销售两种税率以上的应税消费品。所谓“从高适用税率”，就是对兼营高低不同税率的应税消费品，当不能分别核算销售额、销售数量，或者将不同税率的应税消费品组成成套消费品销售的，就以应税消费品中适用的高税率与混合在一起的销售额、销售数量相乘，得出应纳消费税额。

例如，某酒厂既生产税率为20%的粮食白酒，又生产税率为10%的其他酒，如汽酒、药酒等。对于这种情况税法规定，该厂应分别核算白酒与其他酒的销售额，然后按各自适用的税率计税；如不分别核算各自的销售额，其他酒也按白酒的税率计算纳税。如果该酒厂还生产白酒与其他酒小瓶装礼品套酒，就是税法所指的成套消费品，应按全部销售额就白酒的税率20%计算应纳消费税额，而不能以其他酒10%的税率计算其中任何一部分的应纳税额了。对未分别核算的销售额按高税率计税，意在督促企业对不同税率应税消费品的销售额分别核算，准确计算纳税。

生产销售环节应纳消费税的计算

纳税人在生产销售环节应缴纳的消费税，包括直接对外销售应税消费品应缴纳的消费税和自产自用应税消费品应缴纳的消费税。

（一）直接对外销售应纳消费税的计算

直接对外销售应税消费品可能涉及三种计算方法。

1. 从价定率计算

在从价定率计算方法下，应纳消费税额等于销售额乘以适用税率。基本计算公式如下：

应纳税额 = 应税消费品的销售额 × 比例税率

【典型例题 3-1】某化妆品生产企业为增值税一般纳税人。2014年3月15日，向某大型商场销售化妆品一批，开具增值税专用发票，取得不含增值税销售额50万元、增值税额8.5万元；3月20日，向某单位销售化妆品一批，开具普通发票，取得含增值税销售额4.68万元。计算该化妆品生产企业上述业务应缴纳的消费税额。

（1）化妆品适用消费税税率 =30%

（2）化妆品的应税销售额 =50+4.68÷（1+17%）=54（万元）

（3）应缴纳的消费税额 =54×30%=16.2（万元）

2. 从量定额计算

在从量定额计算方法下，应纳税额等于应税消费品的销售数量乘以单位税额。基本计算公式如下：

应纳税额 = 应税消费品的销售数量 × 定额税率

【典型例题 3–2】某啤酒厂 2014 年 4 月销售乙类啤酒 1 000 吨，每吨出厂价格 2 800 元。计算 4 月该啤酒厂应纳消费税额。

（1）销售乙类啤酒，适用定额税率 220 元。

（2）应纳税额 = 销售数量 × 定额税率 =1 000×220=220 000（元）

3. 从价定率和从量定额复合计算

现行消费税的征税范围中，只有卷烟、白酒、薯类白酒采用复合计算方法。基本计算公式如下：

应纳税额 = 应税消费品的销售数量 × 定额税率 + 应税销售额 × 比例税率

【典型例题 3–3】某白酒生产企业为增值税一般纳税人，2014 年 4 月份销售粮食白酒 50 吨，取得不含增值税的销售额 200 万元。计算白酒企业 4 月应缴纳的消费税额。

（1）白酒适用比例税率 20%，定额税率每 500 克 0.5 元。

（2）应纳税额 =50×2 000×0.000 05+200×20%=45（万元）

（二）自产自用应纳消费税的计算

自产自用就是纳税人生产应税消费品后，不是用于直接对外销售，而是用于自己连续生产应税消费品或用于其他方面。这种自产自用应税消费品形式，在实际经济活动中是很常见的，但也是在是否纳税或如何纳税上最容易出现问题的。例如，有的企业把自己生产的应税消费品，以福利或奖励等形式发给本厂职工，以为不是对外销售，不必计入销售额，无须纳税。这样就出现了漏缴税款的现象。因此，很有必要认真理解税法对自产自用应税消费品的有关规定。

1. 用于连续生产应税消费品

纳税人自产自用的应税消费品，用于连续生产应税消费品的，不纳税。所称“纳税人自产自用的应税消费品，用于连续生产应税消费品的”，是指作为生产最终应税消费品的直接材料、并构成最终产品实体的应税消费品。例如，卷烟厂生产出烟丝，烟丝已是应税消费品，卷烟厂再用生产出的烟丝连续生产卷烟，这样，用于连续生产卷烟的烟丝就不缴纳消费税，只对生产的卷烟征收消费税。当然，生产出的烟丝如果是直接销售的，则烟丝还是要缴纳消费税的。税法规定对自产自用的应税消费品，用于连续生产应税消费品的不征税，体现了税不重征且计税简便的原则。

2. 用于其他方面的应税消费品

纳税人自产自用的应税消费品，除用于连续生产应税消费品外，凡用于其他方面的，于移送使用时纳税。用于其他方面的是指纳税人用于生产非应税消费品、在建工程、管理部门、非生产机构，提供劳务，以及用于馈赠、赞助、集资、广告、样品、职工福利、奖励等方面。所称“用于生产非应税消费品”，是指把自产的应税消费品用于生产消费税条例税目税率表所列 14 类产品以外的产品。例如，原油加工厂用生产出的应税消费品汽油调和制成溶剂汽油，该溶剂汽油就属于非应税消费品。所称“用于在建工程”，是指把自产的应税消费品用于本单位的各项建设工程。

例如，石化工厂把自己生产的柴油用于本厂基建工程的车辆、设备使用。所称“用于管理部门、非生产机构”，是指把自己生产的应税消费品用于与本单位有隶属关系的管理部门或非生产机构。例如，汽车制造厂把生产出的小汽车提供给上级主管部门使用。所称“用于馈赠、赞助、集资、广告、样品、职工福利、奖励”，是指把自己生产的应税消费品无偿赠送给他人或以资金的形式投资于外单位某些事业或作为商品广告、经销样品或以福利、奖励的形式发给职工。例如，摩托车厂把自己生产的摩托车赠送或赞助给摩托车拉力赛赛手使用，兼作商品广告；酒厂把生产的滋补药酒以福利的形式发给职工等。总之，企业自产的应税消费品虽然没有用于销售或连续生产应税消费品，但只要是用于税法所规定的范围的都要视同销售，依法缴纳消费税。

3. 组成计税价格及税额的计算

纳税人自产自用的应税消费品，凡用于其他方面，应当纳税的，按照纳税人生产的同类消费品的销售价格计算纳税。同类消费品的销售价格是指纳税人当月销售的同类消费品的销售价格，如果当月同类消费品各期销售价格高低不同，应按销售数量加权平均计算。但销售的应税消费品有下列情况之一的，不得列入加权平均计算：

（1）销售价格明显偏低又无正当理由的。

（2）无销售价格的。

如果当月无销售或者当月未完结，应按照同类消费品上月或者最近月份的销售价格计算纳税。

没有同类消费品销售价格的，按照组成计税价格计算纳税。组成计税价格计算公式是：

实行从价定率办法计算纳税的组成计税价格计算公式：

组成计税价格 =（成本 + 利润）÷（1 + 比例税率）

应纳税额 = 组成计税价格 × 比例税率

实行复合计税办法计算纳税的组成计税价格计算公式：

组成计税价格 =（成本 + 利润 + 自产自用数量 × 定额税率）÷（1 - 比例税率）

应纳税额 = 组成计税价格 × 比例税率 + 自产自用数量 × 定额税率

上述公式中所称“成本”，是指应税消费品的产品生产成本。

上述公式中所称“利润”，是指根据应税消费品的全国平均成本利润率计算的利润。应税消费品全国平均成本利润率由国家税务总局确定。

4. 应税消费品全国平均成本利润率

1993 年 12 月 28 日与 2006 年 3 月，国家税务总局颁发的《消费税若干具体问题的规定》，确定应税消费品全国平均成本利润率见表 3–4。

表 3–4　平均成本利润率　　单位：%

货物名称	利润率	货物名称	利润率
1. 甲类卷烟	10	11. 贵重首饰及珠宝宝石	6
2. 乙类卷烟	5	12. 汽车轮胎	5
3. 雪茄烟	5	13. 摩托车	6
4. 烟丝	5	14. 高尔夫球及球具	10
5. 粮食白酒	10	15. 高档手表	20
6. 薯类白酒	5	16. 游艇	10
7. 其他酒	5	17. 木制一次性筷子	5
8. 酒精	5	18. 实木地板	5
9. 化妆品	5	19. 乘用车	8
10. 鞭炮、焰火	5	20. 中轻型商务客车	5

【典型例题 3-4】某化妆品公司将一批自产的化妆品用作职工福利，化妆品的成本 80 000 元，该化妆品无同类产品市场销售价格，但已知其成本利润率为 5%，消费税税率为 30%。计算该批化妆品应缴纳的消费税额。

组成计税价格 = 成本 ×（1+ 成本利润率）÷（1– 消费税税率）

=80 000 ×（1+5%）÷（1–30%）

=84 000 ÷ 0.7=120 000（元）

应纳税额 =120 000 × 30%=36 000（元）

委托加工环节应纳消费税的计算

企业、单位或个人由于设备、技术、人力等方面的局限或其他方面的原因，常常要委托其他单位代为加工应税消费品，然后，将加工好的应税消费品收回，直接销售或自己使用。这是生产应税消费品的另一种形式，也需要纳入征收消费税的范围。例如，某企业将购来的小客车底盘和零部件提供给某汽车改装厂，加工组装成小客车供自己使用，则加工、组装成的小客车就需要缴纳消费税。按照规定，委托加工的应税消费品，由受托方在向委托方交货时代收代缴税款。

（一）委托加工应税消费品的确定

委托加工应税消费品是指由委托方提供原料和主要材料，受托方只收取加工费和代垫部分辅助材料加工的应税消费品。对于由受托方提供原材料生产的应税消费品，或者受托方先将原材料卖给委托方，然后再接受加工的应税消费品，以及由受托方以委托方名义购进原材料生产的应税消费品，不论纳税人在财务上是否作销售处理，都不得作为委托加工应税消费品，而应当按照销售自制应税消费品缴纳消费税。

（二）代收代缴税款的规定

对于确实属于委托方提供原料和主要材料，受托方只收取加工费和代垫部分辅助材料加工的应税消费品，税法规定，由受托方在向委托方交货时代收代缴消费税。这样，受托方就是法定的代扣代缴义务人。如果受托方对委托加工的应税消费品没有代收代缴或少代扣代缴消费税，应按照税收征收管理法的规定，承担代收代缴的法律责任。因此，受托方必须严格履行代收代缴义务，正确计算和按时代缴税款。为了加强对受托方代收代缴税款的管理，1994 年 5 月，国家税务总局在颁发的《关于消费税若干征税问题的通知》中，对委托个体经营者加工应税消费品纳税问题做了调整，由原定一律由受托方代收代缴税款，改为纳税人委托个体经营者加工应税消费品，一律于委托方收回后在委托方所在地缴纳消费税。2008 年 12 月 15 日，财政部、国家税务总局第 51 号令颁布的《消费税暂行条例实施细则》也规定，委托个人（含个体工商户）加工的应税消费品，由委托方收回后缴纳消费税。

对于受托方没有按规定代收代缴税款的，并不能因此免除委托方补缴税款的责任。在对委托方进行税务检查中，如果发现其委托加工的应税消费品受托方没有代收代缴税款，委托方要补缴税款（对受托方不再重复补税了，但要按《税收征收管理法》的规定，处以应代收代缴税款 50% 以上 3 倍以下的罚款）。对委托方补征税款的计税依据是：

如果在检查时，收回的应税消费品已经直接销售的，按销售额计税；

收回的应税消费品尚未销售或不能直接销售的（如收回后用于连续生产等），按组成计税价格计税。组成计税价格的计算公式与下列“（三）”组成计税价格的公式相同。

委托加工的应税消费品，受托方在交货时已代收代缴消费税，委托方收回的应税消费品，以不高于受托方的计税价格出售的，为直接销售，不再缴纳消费税；委托方以高于受托方的计税价格出售的，不属于直接销售，须按规定申报缴纳消费税，在计税时准予扣除，受托方已代收代缴的消费税。

（三）组成计税价格及应纳税额的计算

委托加工的应税消费品，按照受托方的同类消费品的销售价格计算纳税，同类消费品的销售价格是指受托方（即代收代缴义务人）当月销售的同类消费品的销售价格，如果当月同类消费品各期销售价格高低不同，应按销售数量加权平均计算。但销售的应税消费品有下列情况之一的，不得列入加权平均计算：

（1）销售价格明显偏低又无正当理由的。

（2）无销售价格的。

如果当月无销售或者当月未完结，应按照同类消费品上月或最近月份的销售价格计算纳税。没有同类消费品销售价格的，按照组成计税价格计算纳税。组成计税价格的计算公式如下：

实行从价定率办法计算纳税的组成计税价格计算公式：

组成计税价格 =（材料成本 + 加工费）÷（1– 比例税率）

实行复合计税办法计算纳税的组成计税价格计算公式：

组成计税价格 =（材料成本 + 加工费 + 委托加工数量 × 定额税率）

÷（1– 比例税率）

上述组成计税价格公式中有两个重要的专用名词需要解释。

1. 材料成本

按照《消费税暂行条例实施细则》的解释，材料成本是指委托方所提供加工材料的实际成本。

委托加工应税消费品的纳税人必须在委托加工合同上如实注明（或以其他方式提供）材料成本，凡未提供材料成本的，受托方所在地主管税务机关有权核定其材料成本。从这一条规定可以看出，税法对委托方提供原料和主要材料，并要以明确的方式如实提供材料成本，要求是很严格的，其目的就是为了防止假冒委托加工应税消费品或少报材料成本，逃避纳税的现象。

2. 加工费

《消费税暂行条例实施细则》规定，加工费是指受托方加工应税消费品向委托方所收取的全部费用（包括代垫辅助材料的实际成本，不包括增值税税金），这是税法对受托方的要求。受托方必须如实提供向委托方收取的全部费用，这样才能既保证组成计税价格及代收代缴消费税准确地计算出来，也使受托方按加工费得以正确计算其应纳的增值税。

【典型例题 3–5】某鞭炮企业 2014 年 4 月受托为某单位加工一批鞭炮，委托单位提供的原材料金额为 60 万元，收取委托单位不含增值税的加工费 8 万元，鞭炮企业当地无加工鞭炮的同类产品市场价格。计算鞭炮企业应代收代缴的消费税。

（1）鞭炮的适用税率 15%

（2）组成计税价格 =（60+8）÷（1–15%）=80（万元）

（3）应代收代缴消费税 =80×15%=12（万元）

进口环节应纳消费税的计算

进口的应税消费品，于报关进口时缴纳消费税；进口的应税消费品的消费税由海关代征；进口的应税消费品，由进口人或者其代理人向报关地海关申报纳税；纳税人进口应税消费品，按照关税征收管理的相关规定，应当自海关填发海关进口消费税专用缴款书之日起 15 日内缴纳税款。

进口应税消费品的收货人或办理报关手续的单位和个人，为进口应税消费品消费税的纳税义务人。进口应税消费品消费税的税目、税率（税额），依照《消费税暂行条例》所附的《消费税税目税率（税额）表》执行。

纳税人进口应税消费品，按照组成计税价格和规定的税率计算应纳税额。计算方法如下。

1. 从价定率计征应纳税额的计算

应纳税额的计算公式如下：

实行从价定率办法计算纳税的组成计税价格计算公式：

组成计税价格 =（关税完税价格 + 关税）÷（1– 消费税比例税率）

应纳税额 = 组成计税价格 × 消费税比例税率

公式中所称“关税完税价格”，是指海关核定的关税计税价格。

【典型例题 3–6】某商贸公司，2014 年 5 月从国外进口一批应税消费品，已知该批应税消费品的关税完税价格为 90 万元，按规定应缴纳关税 18 万元，假定进口的应税消费品的消费税税率为 10%。请计算该批消费品进口环节应缴纳的消费税额。

（1）组成计税价格 =（90+18）÷（1−10%）=120（万元）

（2）应缴纳消费税额 =120×10%=12（万元）

2. 实行从量定额计征应纳税额的计算

应纳税额的计算公式如下：

应纳税额 = 应税消费品数量 × 消费税定额税率

3. 实行从价定率和从量定额复合计税办法应纳税额的计算

应纳税额的计算公式如下：

组成计税价格 =（关税完税价格 + 关税 + 进口数量 × 消费税定额税率）÷（1− 消费税比例税率）

应纳税额 = 组成计税价格 × 消费税税率 + 应税消费品进口数量 × 消费税定额税率

进口环节消费税除国务院另有规定者外，一律不得给予减税、免税。

已纳消费税扣除的计算

为了避免重复征税，现行消费税规定，将外购应税消费品和委托加工收回的应税消费品继续生产应税消费品销售的，可以将外购应税消费品和委托加工收回应税消费品已缴纳的消费税给予扣除。

（一）外购应税消费品已纳税款的扣除

1. 外购应税消费品连续生产应税消费品

由于某些应税消费品是用外购已缴纳消费税的应税消费品连续生产出来的，在对这些连续生产出来的应税消费品计算征税时，税法规定应按当期生产领用数量计算准予扣除外购的应税消费品已纳的消费税款。

扣除范围包括：

（1）外购已税烟丝生产的卷烟。

（2）外购已税化妆品生产的化妆品。

（3）外购已税珠宝玉石生产的贵重首饰及珠宝玉石。

（4）外购已税鞭炮焰火生产的鞭炮焰火。

（5）外购已税汽车轮胎（内胎和外胎）生产的汽车轮胎。

（6）外购已税摩托车生产的摩托车（如用外购两轮摩托车改装三轮摩托车）。

（7）外购已税杆头、杆身和握把为原料生产的高尔夫球杆。

（8）外购已税木制一次性筷子为原料生产的木制一次性筷子。

（9）外购已税实木地板为原料生产的实木地板。

（10）外购已税石脑油为原料生产的应税消费品。

（11）外购已税润滑油为原料生产的润滑油。

上述当期准予扣除外购应税消费品已纳消费税款的计算公式如下：

$$\text{当期准予扣除的外购应税消费品已纳税款}=\text{当期准予扣除的外购应税消费品买价}\times\text{外购应税消费品适用税率}$$

$$\text{当期准予扣除的外购应税消费品买价}=\text{期初库存的外购应税消费品的买价}+\text{当期购进的应税消费品的买价}-\text{期末库存的外购应税消费品的买价}$$

外购已税消费品的买价是指购货发票上注明的销售额（不包括增值税税款）。

从商业企业购进应税消费品连续生产应税消费品，符合抵扣条件的，准予扣除外购应税消费品已纳消费税款。

需要说明的是，纳税人用外购的已税珠宝玉石生产的改在零售环节征收消费税的金银首饰（镶嵌首饰），在计税时一律不得扣除外购珠宝玉石的已纳税款。

【典型例题 3-7】某卷烟生产企业，某月初库存外购应税烟丝金额 50 万元，当月又外购应税烟丝金额 500 万元（不含增值税），月末库存烟丝金额 30 万元，其余被当月生产卷烟领用。请计算卷烟厂当月准许扣除的外购烟丝已缴纳的消费税额。

（1）烟丝适用的消费税税率 =30%

（2）当期准许扣除的外购烟丝买价 =50+500−30=520（万元）

（3）当月准许扣除的外购烟丝已纳消费税额 =520 × 30%=156（万元）

2. 外购应税消费品后销售

对自己不生产应税消费品，而只是购进后再销售应税消费品的工业企业，其销售的化妆品，鞭炮、焰火和珠宝玉石，凡不能构成最终消费品直接进入消费品市场，而需进一步生产加工的，应当征收消费税，同时允许扣除上述外购应税消费品的已纳税款。

允许扣除已纳税款的应税消费品只限于从工业企业购进的应税消费品和进口环节已缴纳消费税的应税消费品，对从境内商业企业购进应税消费品的已纳税款一律不得扣除。

（二）委托加工收回的应税消费品已纳税款的扣除

委托加工的应税消费品因为已由受托方代收代缴消费税，因此，委托方收回货物后用于连续生产应税消费品的，其已纳税款准予按照规定从连续生产的应税消费品应纳消费税额中抵扣。按照国家税务总局的规定，从 1995 年 6 月 1 日起，下列连续生产的应税消费品准予从应纳消费税额中按当期生产领用数量计算扣除委托加工收回的应税消费品已纳消费税款：

（1）以委托加工收回的已税烟丝为原料生产的卷烟。

（2）以委托加工收回的已税化妆品为原料生产的化妆品。

（3）以委托加工收回的已税珠宝玉石为原料生产的贵重首饰及珠宝玉石。

（4）以委托加工收回的已税鞭炮、焰火为原料生产的鞭炮、焰火。

（5）以委托加工收回的已税汽车轮胎生产的汽车轮胎。

（6）以委托加工收回的已税摩托车生产的摩托车。

（7）以委托加工收回的已税杆头、杆身和握把为原料生产的高尔夫球杆。

（8）以委托加工收回的已税木制一次性筷子为原料生产的木制一次性筷子。

（9）以委托加工收回的已税实木地板为原料生产的实木地板。

（10）以委托加工收同的已税石脑油为原料生产的应税消费品。

（11）以委托加工收回的已税润滑油为原料生产的润滑油。

上述当期准予扣除委托加工收回的应税消费品已纳消费税款的计算公式是：

$$\text{已纳税款}=\text{期初库存的委托加工应税消费品已纳税款}+\text{当期收回的委托加工应税消费品已纳税款}-\text{期末库存的委托加工应税消费品已纳税款}$$

需要说明的是，纳税人用委托加工收回的已税珠宝玉石生产的改在零售环节征收消费税的金银首饰，在计税时一律不得扣除委托加工收回的珠宝玉石的已纳消费税款。

以外购或委托加工收回石脑油为原料生产乙烯或其他化工产品，在同一生产过程中既可以生产出乙烯或其他化工产品等非应税消费品同时又生产出裂解汽油等应税消费品的，外购或委托加工收回石脑油允许抵扣的已纳税款计算公式如下：

（1）外购石脑油。

$$\text{当期准予扣除外购石脑油已纳税款}=\text{当期准予扣除外购石脑油数量}\times\text{收率}\times\text{单位税额}$$

$$\text{收率}=\text{当期应税消费品产出量}\div\text{生产当期应税消费品所有原料投入数量}\times 100\%$$

（2）委托加工收回的石脑油。

$$\text{当期准予扣除的委托加工成品油已纳税款}=\text{当期准予扣除的委托加工石脑油已纳税款}\times\text{收率}$$

$$\text{收率}=\text{当期应税消费品产出量}\div\text{生产当期应税消费品所有原料投入数量}\times 100\%$$

以外购或委托加工收回石脑油为原料生产乙烯或其他化工产品的生产企业，应按照上述计算公式分别计算 2003 年、2004 年、2005 年年平均收率，将计算出的年平均收率报主管税务机关备案。

消费税出口退税的计算

对纳税人出口应税消费品，免征消费税；国务院另有规定的除外。

（一）出口免税并退税

有出口经营权的外贸企业购进应税消费品直接出口的，以及外贸企业受其他外贸企业委托代理出口应税消费品。外贸企业只有受其他外贸企业委托，代理出口应税消费品才可办理退税。外贸企业受其他外贸企业（主要是非生产性的商贸企业）委托，代理出口应税消费品是不予退（免）税的。

属于从价定率计征消费税的，为已征且未在内销应税消费品应纳税额中抵扣的购进出口货物金额；属于从量定额计征消费税的，为已征且未在内销应税消费品应纳税额中抵扣的购进出口货物数量；属于复合计征消费税的，按从价定率和从量定额的计税依据分别确定。

$$\text{消费税应退税额}=\text{从价定率计征消费税的退税计税依据}\times\text{比例税率}+\text{从量定额计征消费税的退税计税依据}\times\text{定额税率}$$

（二）出口免税但不退税

有出口经营权的生产性企业自营出口或生产企业委托外贸企业代理出口自产的应税消费品，依据其实际出口数量免征消费税，不予办理退还消费税。免征消费税是指对生产性企业按其实际出口数量免征生产环节的消费税。不予办理退还消费税，因已免征生产环节的消费税，该应税消费品出口时，已不含有消费税，所以无须退还消费税。

（三）出口不免税也不退税

除生产企业、外贸企业以外的其他企业，具体是指一般商贸企业，这类企业委托外贸企业代理出口应税消费品一律不予退（免）税。出口货物的消费税应退税额的计税依据，按进出口货物的消费税专用缴款书和海关进口消费税专用缴款书确定。

第3节　纳税申报与账务处理

纳税义务发生时间

纳税人生产的应税消费品于销售时纳税，进口消费品应当于应税消费品报关进口环节纳税，但金银首饰、钻石及钻石饰品在零售环节纳税。消费税纳税义务发生的时间，以货款结算方式或行为发生时间分别确定。

第一，纳税人销售的应税消费品，其纳税义务的发生时间为：

（1）纳税人采取赊销和分期收款结算方式的. 其纳税义务的发生时间. 为销售合同规定的收款日期的当天。

（2）纳税人采取预收货款结算方式的，其纳税义务的发生时间，为发出应税消费品的当天。

（3）纳税人采取托收承付和委托银行收款方式销售的应税消费品，其纳税义务的发生时间，为发出应税消费品并办妥托收手续的当天。

（4）纳税人采取其他结算方式的，其纳税义务的发生时间，为收讫销售款或者取得索取销售款的凭据的当天。

第二，纳税人自产自用的应税消费品，其纳税义务的发生时间，为移送使用的当天。

第三，纳税人委托加工的应税消费品，其纳税义务的发生时间，为纳税人提货的当天。

第四，纳税人进口的应税消费品，其纳税义务的发生时间，为报关进口的当天。

纳税期限

按照《消费税暂行条例》的规定，消费税的纳税期限分别为 1 日、3 日、5 日、10 日、15 日、1 个月或者 1 个季度。纳税人的具体纳税期限，由主管税务机关根据纳税人应纳税额的大小分别核定；不能按照固定期限纳税的，可以按次纳税。

纳税人以 1 个月或以 1 个季度为一期纳税的，自期满之日起 15 日内申报纳税；以 1 日、3 日、5 日、10 日或者 15 日为一期纳税的，自期满之日起 5 日内预缴税款，于次月 1 日起至 15 日内申报纳税并结清上月应纳税款。

纳税人进口应税消费品，应当自海关填发海关进口消费税专用缴款书之日起 15 日内缴纳税款。

如果纳税人不能按照规定的纳税期限依法纳税，将按《税收征收管理法》的有关规定处理。

纳税地点

消费税具体纳税地点有：

（1）纳税人销售的应税消费品，以及自产自用的应税消费品，除国务院财政、税务主管部门另有规定外，应当向纳税人机构所在地或者居住地的主管税务机关申报纳税。

（2）委托个人加工的应税消费品，除受委托方为个人外，由受托方向机构所在地或者居住地的主管税务机关解缴消费税款。

（3）进口的应税消费品，由进口人或者其代理人向报关地海关申报纳税。

（4）纳税人到外县（市）销售或者委托外县（市）代销自产应税消费品的，于应税消费品销售后，向机构所在地或者居住地主管税务机关申报纳税。

纳税人的总机构与分支机构不在同一县（市）的，应当分别向各自机构所在地的主管税务机关申报纳税；经财政部、国家税务总局或者其授权的财政、税务机关批准，可以由总机构汇总向总机构所在地的主管税务机关申报纳税。

（5）纳税人销售的应税消费品，如因质量等原因由购买者退回时，经所在地主管税务机关审核批准后，可退还已征收的消费税款。但不能自行直接抵减应纳税款。

账务处理

为了调节消费结构，正确引导消费方向，国家在普遍征收增值税的基础上选择部分消费品，再征收一道消费税。

消费税的征收方式有从价定率和从量定额两种。实行从价定率办法计算的应纳税额 = 销售额 × 适用税率；实行从量定额办法计算的应纳税额 = 销售数量 × 单位税额。其中，销售额为纳税人销售应税消费品向购买方收取的全部价款和价外费用，不包括应收取的增值税销项税额。如果销售额中包含有增值税，在计算消费税时，应先将销售额换算为不含税的销售额。换算公式如下：

$$\text{应税消费品的销售额} = \text{含增值税的销售额} \div \left(1+\text{增值税税率或征收率}\right)$$

1. 应交消费税核算使用的主要科目

企业应在“应交税费”科目下设置“应交消费税”明细科目核算应交纳的消费税。“应交消费税”明细科目的借方登记企业实际缴纳的消费税和待抵扣的消费税，贷方登记企业按规定应交的消费税；期末余额在借方，反映企业多交或待抵扣的消费税；期末余额在贷方，反映企业尚未缴纳的消费税。

消费税是一种价内税，除了应设置“应交税费——应交消费税”科目核算外，还应通过“营业税金及附加”科目进行归集。

2. 销售应税消费品的消费税账务处理

第一，企业销售应税消费品时，应按规定计算应交的消费税。

借：营业税金及附加

　贷：应交税费——应交消费税

退货时，作相反会计分录：

借：应交税费——应交消费税

　贷：营业税金及附加

【典型例题 3–8】3 月 10 日，某企业销售一批应税消费品，按规定计算出应交的消费税额为 50 000 元。3 月 20 日，由于质量问题，该批消费品被退回，已办妥相关手续。根据上述经济业务，应作如下账务处理：

（1）销售时：

借：营业税金及附加　　50 000

　贷：应交税费——应交消费税　　50 000

（2）退货时：

借：应交税费——应交消费税　　50 000

　贷：营业税金及附加　　50 000

第二，随同商品出售但单独计价的包装物以及出租、出借包装物逾期未收回没收的押金，按规定应缴纳的消费税。

借：营业税金及附加

　贷：应交税费——应交消费税

【典型例题 3-9】某企业随同商品出售一批包装物（单独计价），取得收入 117 000 元（含增值税，增值税税率为 17%），款项已经收到。该批包装物适用的消费税税率为 10%。根据上述经济业务，应作如下账务处理：

不含税销售额 =117 000 ÷（1+17%）=100 000（元）

应交消费税 =100 000 × 10%=10 000（元）

应交增值税 =100 000 × 17%=17 000（元）

（1）销售时：

借：银行存款　　117 000

　贷：其他业务收入　　100 000

　　应交税费——应交增值税（销项税额）　　17 000

（2）计算应交的消费税：

借：营业税金及附加　　10 000

　贷：应交税费——应交消费税　　10 000

（3）以生产的产品用于在建工程、非生产机构等，按照税法规定应交纳的消费税：

借：在建工程

　管理费用等

　贷：应交税费——应交消费税

【典型例题 3-10】某企业为增值税一般纳税人。2013 年 6 月，企业将自产的一批应税消费品用于在建工程。该批应税消费品的生产成本为 90 000 元，销售价格（不含增值税）为 100 000 元，适用的增值税税率为 17%，适用的消费税税率为 10%。根据上述经济业务，应作如下账务处理：

应纳消费税 =100 000 × 10%=10 000（元）

应纳增值税 =100 000 × 17%=17 000（元）

借：在建工程　　117 000

　贷：库存商品　　90 000

　　应交税费——应交增值税（销项税额）　　17 000

　　应交税费——应交消费税　　10 000

3. 委托加工应税消费品的消费税账务处理

按照税法规定，企业委托加工的应税消费品，由受托方在向委托方交货时代收代缴税款（除受托加工或翻新改制金银首饰按规定由受托方交纳消费税外）。委托加工的应税消费品，委托方用于连续生产应税消费品的，所纳税款准予扣除。

这里所指的委托加工的应税消费品，是指由委托方提供原料和主要材料，受托方只收取加工费和代垫部分辅助材料加工的应税消费品。对于由受托方提供原材料生产的应税消费品，或受托方先将原材料卖给委托方，然后再接受加工的应税消费品，以及由受托方以委托方名义购进原材料生产的应税消费品，都不作为委托加工应税消费品，而应按照销售自制应税消费品计算缴纳消费税。

（1）受托方代扣消费税时，按应扣消费税额：

借：应收账款

　银行存款等

　贷：应交税费——应交消费税

（2）委托加工应税消费品收回后，直接用于销售的，应将代收代缴的消费税计入委托加工物资的成本。待委托加工应税消费品销售时，不需要再缴纳消费税：

借：委托加工物资

　　贷：应付账款

　　　　银行存款等

（3）委托加工应税消费品收回后，用于连续生产应税消费品，按规定予以抵扣的，委托方应按代扣代缴的消费税款：

借：应交税费——应交消费税

　　贷：应付账款

　　　　银行存款

待用委托加工的应税消费品生产出应纳消费税的产品销售时，再缴纳消费税。

【典型例题 3–11】某企业为增值税一般纳税人。2013 年 1 月，该企业委托外单位加工一批应税消费品（非金银首饰），发出的材料价款为 200 000 元，加工费用为 50 000 元，由受托方代收代缴的消费税为 10 000 元（不考虑增值税）。材料已经加工完毕并验收入库，款项已经通过银行存款支付。之后，企业将这批材料用于继续生产应税消费品。根据上述经济业务，应作如下账务处理：

（1）发出材料时：

借：委托加工物资　　200 000

　　贷：原材料　　200 000

（2）计算加工费用时：

借：委托加工物资　　50 000

　　贷：银行存款　　50 000

（3）受托方代扣消费税时：

借：应交税费——应交消费税　　10 000

贷：银行存款　　　　10 000

（4）收回委托加工应税消费品时：

借：原材料　　　　250 000

贷：委托加工物资　　　　250 000

【典型例题 3–12】假设【例 3–12】中，企业收回加工后的材料直接用于销售，则应作如下账务处理：

（1）发出材料时：

借：委托加工物资　　　　200 000

贷：原材料　　　　200 000

（2）计算加工费用时：

借：委托加工物资　　　　50 000

贷：银行存款　　　　50 000

（3）受托方代扣消费税时：

借：委托加工物资　　　　10 000

贷：银行存款　　　　10 000

（4）收回委托加工应税消费品时：

借：原材料　　　　260 000

贷：委托加工物资　　　　260 000

4. 进口应税消费品的账务处理

需要缴纳消费税的进口消费品，其缴纳的消费税应计入该项物资的成本，而不通过“应交税费——应交消费税”科目核算，其账务处理如下：

借：原材料

固定资产

库存商品等

贷：银行存款

【典型例题 3-13】某企业进口一批应税消费品，按规定应缴纳消费税 250 000 元。款项已经全部用银行存款支付，货物尚未收到。根据上述经济业务，应作如下账务处理：

借：在途物资　250 000

　贷：银行存款　250 000

5. 出口应税消费品的账务处理

企业（生产性）直接出口或通过外贸企业出口的物资，按照税法规定直接予以免征消费税的，可不计算应交消费税。

企业将物资销售给外贸企业，由外贸企业自营出口的，其缴纳的消费税，应记入“营业税金及附加”科目。

借：营业税金及附加

　贷：应交税费——应交消费税

【典型例题 3-14】某企业将一批应税消费品销售给外贸企业，由外贸企业自营出口。该批应税消费品的销售价格为 500 000 元，增值税税率为 17%，消费税税率为 10%。款项尚未收到。根据上述经济业务，应作如下账务处理：

（1）销售时：

应交增值税 =500 000 × 17%=85 000（元）

借：应收账款　585 000

　贷：主营业务收入　500 000

　　　应交税费——应交增值税（销项税额）　85 000

（2）计算消费税：

应交消费税 =500 000 × 10%=50 000（元）

借：营业税金及附加　　50 000

　贷：应交税费——应交消费税　　50 000

6. 金银首饰业务消费税的账务处理

（1）有金银首饰零售业务的以及采用以旧换新方式销售金银首饰的企业，在营业收入实现时，按照应交的消费税：

借：营业税金及附加

　贷：应交税费——应交消费税

（2）有金银首饰零售业务的企业因受托代销金银首饰按照税法规定应交纳的消费税：

借：营业税金及附加

　贷：应交税费——应交消费税

（3）以其他方式代销金银首饰的，其缴纳的消费税：

借：营业税金及附加

　贷：应交税费——应交消费税

（4）有金银首饰批发、零售业务的企业将金银首饰用于馈赠、赞助、广告、职工福利、奖励等方面的，应于物资移送时，按照应交的消费税：

借：营业外支出

　销售费用

　应付职工薪酬等

　贷：应交税费——应交消费税

（5）随同金银首饰出售但单独计价的包装物，按照税法规定应缴纳的消费税：

借：营业税金及附加

　贷：应交税费——应交消费税

（6）企业因受托加工或翻新改制金银首饰按照税法规定应缴纳的消费税，于向委托方交货时：

借：营业税金及附加

　　贷：应交税费——应交消费税

7. 缴纳消费税的账务处理

企业实际缴纳消费税时：

借：应交税费——应交消费税

　　贷：银行存款

【典型例题 3–15】期末，企业以银行存款交纳消费税 50 000 元。根据上述经济业务，应作如下账务处理：

借：应交税费——应交消费税　　50 000

　　贷：银行存款　　50 000

90%
%
75%
15%
SHOU BA SHOU
JIAO NI
ZUO NA SHUI
60%
04
营业税
25%
58%
45%
36%

营业税是以在我国境内提供应税劳务、转让无形资产或销售不动产所取得的营业额为课税对象而征收的一种商品劳务税。营业税属传统商品劳务税，实行普遍征收，计税依据为营业额全额，税额不受成本、费用高低影响。我国现行营业税的征税范围为增值税征税范围之外的所有经营业务。

现行我国营业税法的基本规范，是2008年11月5日国务院第34次常务会议修订通过的《中华人民共和国营业税暂行条例》和2008年12月15日财政部、国家税务总局第52号令发布的《中华人民共和国营业税暂行条例实施细则》(以下简称《营业税暂行条例实施细则》)。实际上，营业税在我国具有十分悠久的历史。早在我国周代对“商贾虞衡”的课税，汉代对商人征收的“算缗钱”，明代开征的“市肆门摊税”，清代开征的当税、屠宰税，都具有营业税的性质。

第1节　营业税概述

征税范围

根据税法规定，我国营业税的征税范围包括：在我国境内提供应税劳务、转让无形资产或销售不动产。

提供应税劳务、转让无形资产或者销售不动产是指有偿提供应税劳务、有偿转让无形资产或者有偿销售不动产的行为。有偿是指取得货币、货物或者其他经济利益。

单位是指企业、行政单位、事业单位、军事单位、社会团体及其他单位。

个人是指个体工商户以及其他有经营行为的个人。

提示

营业税的征税范围强调应税劳务、转让无形资产或销售不动产是在中国境内发生的。包括：

（1）提供或者接受税法规定劳务的单位或者个人在境内。

（2）所转让的无形资产（不含土地使用权）的接受单位或者个人在境内。

（3）所转让或者出租土地使用权的土地在境内。

（4）所销售或者出租的不动产在境内。

属于营业税征税范围的应税劳务是指属于交通运输业、建筑业、金融保险业、邮电通信业、文化体育业、娱乐业、服务业税目征收范围的劳务。

提示

加工和修理修配劳务属于增值税的征税范围，因此不属于营业税的应税劳务。

单位或个体工商户聘用的员工为本单位或雇主提供的劳务，也不属于营业税的应税劳务。

比较营业税混合销售与兼营非应税劳务（见表 4–1）。

表 4–1 营业税混合销售与兼营非应税劳务

行为	判　　定	税务处理
混合销售	强调同一项销售行为中存在两类经营项目的混合，两者有从属关系	依纳税人经营主业，只征一种税
兼营非应税劳务	强调同一纳税人的经营活动中存在两类经营项目，两者无直接从属关系	依纳税人核算水平 （1）分别核算：征两税 （2）未分别核算：由税务机关核定

纳税义务人

根据税法规定，我国营业税的纳税人，是指依据法律、行政法规规定负有纳税义务的单位和个人。具体而言，在中华人民共和国境内提供应税劳务、转让无形资产或者销售不动产的单位和个人，为营业税的纳税义务人。

提示

（1）单位和个体户的员工、雇工在为本单位或雇主提供劳务时，不是营业税纳税人。

（2）依法不需要办理税务登记的内设机构，不是营业税的纳税人。

在现实生活中，为了加强税源控制，减少税收流失，《营业税暂行条例》和实施细则规定了扣缴义务人。营业税的扣缴义务人主要有以下两种情形：

（1）境外的单位或者个人在境内提供应税劳务、转让无形资产或者销售不动产，在境内未设有经营机构的，以其境内代理人为扣缴义务人；在境内没有代理人的，以受让方或者购买方为扣缴义务人。

（2）国务院财政、税务主管部门规定的其他扣缴义务人。

税目与税率

营业税的税目和税率，按照行业、类别的不同分别设置。我国现行营业税共设置了9个税目，并按照行业、类别的不同分别采用不同的比例税率，具体规定如下：

（1）交通运输业、建筑业、邮电通信业、文化体育业，税率为3%。

（2）服务业、销售不动产、转让无形资产，税率为5%。

（3）金融保险业税率为5%。

（4）娱乐业执行5%～20%的幅度税率，具体适用的税率，由各省、自治区、直辖市人民政府根据当地的实际情况在税法规定的幅度内决定（见表4-2）。

表4-2 营业税税目、税率

序号	税目	税率
1	交通运输业	3%
2	建筑业	3%
3	金融保险业	5%
4	邮电通信业	3%
5	文化体育业	3%
6	娱乐业	5%～20%
7	服务业	5%
8	转让无形资产	5%
9	销售不动产	5%

第2节 应纳税额的计算

计税依据

营业税的计税依据是营业额，营业额为纳税人提供应税劳务、转让无形资产或者销售不动产向对方收取的全部价款和价外费用。

价外费用包括收取的手续费、补贴、基金、集资费、返还利润、奖励费、违约金、滞纳金、延期付款利息、赔偿金，代收款项、代垫款项、罚息及其他各种性质的价外收费。但不包括同时符合以下条件代为收取的政府性基金或者行政事业性收费：

（1）由国务院或者财政部批准设立的政府性基金，由国务院或者省级人民政府及其财政、价格主管部门批准设立的行政事业性收费。

（2）收取时开具省级以上财政部门印制的财政票据。

（3）所收款项全额上缴财政。

（一）交通运输业

（1）纳税人将承揽的运输业务分给其他单位或者个人的，以其取得的全部价款和价外费用扣除其支付给其他单位或者个人的运输费用后的余额为营业额。

（2）运输企业自中华人民共和国境内运输旅客或者货物出境，在境外改由其他运输企业承运旅客或者货物，以全程运费减去付给该承运企业的运费后的余额为营业额。

提示

自2010年1月1日起，对中华人民共和国境内（以下简称境内）单位或者个人提供的国际运输劳务免征营业税。

国际运输劳务是指：

①在境内载运旅客或者货物出境。

②在境外载运旅客或者货物入境。

③在境外发生载运旅客或者货物的行为。

（3）自2011年9月26日起，合资铁路运输公司、股改铁路运输企业和其他铁路运输企业相互之间合作完成运输业务，承运人应以取得的全部价款和价外费用扣除支付给其他合作运输方的运输费用后的余额为营业额，以《铁路运输企业提供服务清算票据》为营业额扣除凭证，计算缴纳营业税。

其中，合资铁路运输公司是指由铁道部及其所属铁路运输企业与地方政府、企业或其他投资者共同出资成立的铁路运输企业；股改铁路运输企业是指经国务院批准进行股份制改革成立的铁路运输企业。

（二）建筑业

（1）建筑业的总承包人将工程分包或者转包给他人，以工程的全部承包额减去付给分包人或者转包人的价款后的余额为营业额。

（2）纳税人提供建筑业劳务（不含装饰劳务）的，其营业额应当包括工程所用原材料、设备及其他物资和动力价款在内，但不包括建设方提供的设备的价款。从事安装工程作业，安装设备价值作为安装工程产值的，营业额包括设备的价款。

（3）自建行为和单位或个人将不动产无偿赠与他人，由主管税务机关按照规定核定营业额。

自建行为是指纳税人自己建造房屋的行为。纳税人自建自用的房屋不纳税；如纳税人（包括个人自建自用住房销售）将自建的房屋对外销售，其自建行为应按建筑业缴纳营业税，再按销售不动产征收营业税。

（4）纳税人受托进行建筑物拆除、平整土地并代委托方向原土地使用权支付拆迁补偿费的过程中，其提供建筑物拆除、平整土地劳务取得的收入应按照建"筑业税"目缴纳营业税。其代委托方向原土地使用权支付拆迁补偿费的行为属于"服务业——代理业"行为，应以提供代理劳务取得的全部收入减去其代委托方向原土地使用权支付拆迁补偿费的余额为营业额计算缴纳营业税。

（三）金融保险业

（1）一般贷款业务的营业额为贷款利息收入（包括各种加息、罚息等）。

（2）经中国人民银行、外经贸部（现商务部）和国家经贸委批准经营融资租赁业务的单位，融资租赁以其向承租者收取的全部价款和价外费用（包括残值）减去出租方承担的出租货物的实际成本后的余额，以直线法折算出本期的营业额。计算方法如下：

$$\text{本期营业额}=\left(\text{应收取的全部价款和价外费用}-\text{实际成本}\right)\times\left(\frac{\text{本期天数}}{\text{总天数}}\right)$$

$$\text{实际成本}=\text{货物购入原价}+\text{关税}+\text{增值税}+\text{消费税}+\text{运杂费}+\text{安装费}+\text{保险费}+\text{支付给境外的外汇借款利息支出和人民币借款利息}$$

（3）外汇、有价证券、期货等金融商品买卖业务，以卖出价减去买入价后的余额为营业额。即营业额 = 卖出价 – 买入价。卖出价是指卖出原价，不得扣除卖出过程中支付的各种费用和税金。买入价是指购进原价，不包括购进过程中支付的各种费用和税金，但买入价应依照财务会计制度规定，以股票、债券的购入价减去股票、债券持有期间取得的股票、债券红利收入。

所称“外汇、有价证券、期货等金融商品买卖业务”，是指纳税人从事的外汇、有价证券、非货物期货和其他金融商品买卖业务。货物期货不缴纳营业税。

买卖金融商品（包括股票、债券、外汇及其他金融商品，下同），可在同一会计年度末，将不同纳税期出现的正差和负差按同一会计年度汇总的方式计算并缴纳营业税。如果汇总计算应缴的营业税额小于本年已缴纳的营业税额，可以向税务机关申请办理退税，但不得将一个会计年度内汇总后仍为负差的部分结转下一会计年度。

（4）金融经纪业务和其他金融业务（中间业务）营业额为手续费（佣金）类的全部收入。

金融企业从事受托收款业务，如代收电话费、水电煤气费、信息费、学杂费、寻呼费、社保统筹费、交通违章罚款、税款等，以全部收入减去支付给委托方价款后的余额为营业额。

（5）保险业务营业额包括：

①办理初保业务。营业额为纳税人经营保险业务向对方收取的全部价款，即向被保险人收取的全部保险费。

②储金业务。保险公司如采用收取储金方式取得经济利益的（即以被保险人所交保险资金的利息收入作为保费收入，保险期满后将保险资

金本金返还被保险人)，其“储金业务”的营业额，为纳税人在纳税期内的储金平均余额乘以中国人民银行公布的1年期存款的月利率。储金平均余额为纳税期期初储金余额与期末余额之和乘以50%。

③保险企业已征收过营业税的应收未收保费，凡在财务会计制度规定的核算期限内未收回的，允许从营业额中减除。在会计核算期限以后收回的已冲减的应收未收保费，再并入当期营业额中。

④保险企业开展无赔偿奖励业务的，以向投保人实际收取的保费为营业额。

⑤中华人民共和国境内的保险人将其承保的以境内标的物为保险标的的保险业务向境外再保险人办理分保的，以全部保费收入减去分保保费后的余额为营业额。

境外再保险人应就其分保收入承担营业税纳税义务，并由境内保险人扣缴境外再保险人应缴纳的营业税款。

(6)金融企业贷款利息征收营业税的具体规定。自2003年1月1日起，对金融企业(包括国有、集体、股份制、合资、外资银行以及其他所有制形式的银行，城市信用社和农村信用社，信托投资公司和财务公司)，按以下规定征收营业税：

金融企业发放贷款(包括自营贷款和委托贷款，下同)后，凡在规定的应收未收利息核算期内发生的应收利息，均应按规定申报缴纳营业税；贷款应收利息自结息之日起，超过应收未收利息核算期限或贷款本金到期(含展期)超过90天后尚未收回的，按照实际收到的利息申报缴纳营业税。

(7)外币折合成人民币。金融保险业以外汇结算营业额的，应将外币折合成人民币后计算营业税。原则上金融业按其收到的外汇的当天或当季季末中国人民银行公布的基准汇价折合营业额，保险业按其收到的外汇的当天或当月最后一天中国人民银行公布的基准汇价折合营业额，报经省级税务机关批准后，允许按照财务制度规定的其他基准汇价折合营业额。

（四）邮电通信业

电信部门以集中受理方式为集团客户提供跨省的出租电路业务，由受理地区的电信部门按取得的全部价款减去分割给参与提供跨省电信业务的电信部门的价款后的差额为营业额计征营业税；对参与提供跨省电信业务的电信部门，按各自取得的全部价款为营业额计征营业税。

集中受理是指电信部门应一些集团客户的要求，为该集团所属的众多客户提供跨地区的出租电信线路业务，以便该集团所属众多客户在全国范围内保持特定通信联络。

邮政电信单位与其他单位合作，共同为用户提供邮政电信业务及其他服务并由邮政电信单位统一收取价款的，以全部收入减去支付给合作方价款后的余额为营业额。

中国移动通信集团公司通过手机短信公益特服号“8858”为中国儿童少年基金会接受捐款业务，以全部收入减去支付给中国儿童少年基金会的价款后的余额为营业额。

（五）娱乐业

娱乐业的营业额为经营娱乐业收取的全部价款和价外费用，包括门票收费、台位费、点歌费、烟酒、饮料、茶水、鲜花、小吃等收费及经营娱乐业的其他各项收费。

（六）服务业

（1）代理业以纳税人从事代理业务向委托方实际收取的报酬为营业额。

（2）电脑福利彩票投注点代销福利彩票取得的任何形式的手续费收入，应照章征收营业税。

（3）广告代理业的营业额为代理者向委托方收取的全部价款和价外费用减去付给广告发布者的广告发布费后的余额。

教育部考试中心及其直属单位与行业主管部门（或协会）、海外教育考试机构和各省级教育机构（以下简称合作单位）合作开展考试的业务，实质是从事代理业务，按照现行营业税政策规定，教育部考试中心及其直属单位应以其全部收入减去支付给合作单位的合作费后的余额为营业额，按照“服务业——代理业”税目依5%的税率计算缴纳营业税。

（4）对拍卖行向委托方收取的手续费应征收营业税。

（5）纳税人从事旅游业务的，以其取得的全部价款和价外费用扣除替旅游者支付给其他单位或者个人的住宿费、餐费、交通费、旅游景点门票和支付给其他接团旅游企业的旅游费后的余额为营业额。

（6）对单位和个人在旅游景区经营旅游游船、观光电梯、观光电车、景区环保客运车所取得的收入应按“服务业——旅游业”征收营业税。

单位和个人在旅游景区兼有不同税目应税行为并采取“一票制”收费方式的，应当分别核算不同税目的营业额；未分别核算或核算不清的，从高适用税率。

（7）对经过国家版权局注册登记，在销售时一并转让著作权、所有权的计算机软件征收营业税。计算机软件产品是指记载有计算机程序及其有关文档的存储介质（包括软盘、硬盘、光盘等）。

（8）从事物业管理的单位，以与物业管理有关的全部收入减去代业主支付的水、电、燃气以及代承租者支付的水、电、燃气、房屋租金的价款后的余额为营业额。

（9）纳税人从事无船承运业务，以其向委托人收取的全部价款和价外费用扣除其支付的海运费以及报关、港杂、装卸费用后的余额为计税营业额申报缴纳营业税。

纳税人从事无船承运业务，应按照其从事无船承运业务取得的全部价款和价外费用向委托人开具发票，同时应凭其取得的开具给本纳税人的发票或其他合法有效凭证作为差额缴纳营业税的扣除凭证。

（七）销售不动产或受让土地使用权

（1）单位和个人销售或转让其购置的不动产或受让的土地使用权，以全部收入减去不动产或土地使用权的购置或受让原价后的余额为营业额。

（2）单位和个人销售或转让抵债所得的不动产、土地使用权的，以全部收入减去抵债时该项不动产或土地使用权作价后的余额为营业额。

（3）自 2011 年 1 月 28 日起，个人将购买不足 5 年的住房对外销售的，全额征收营业税；个人将购买超过 5 年（含 5 年）的非普通住房对外销售的，按照其销售收入减去购买房屋的价款后的差额征收营业税；个人将购买超过 5 年（含 5 年）的普通住房对外销售的，免征营业税。

上述普通住房和非普通住房的标准、办理免税的具体程序、购买房屋的时间、开具发票、差额征税扣除凭证、非购买形式取得住房行为及其他相关税收管理规定，按照《国务院办公厅转发建设部等部门关于做好稳定住房价格工作意见的通知》（国办发［2005］26 号）、《国家税务总局、财政部、建设部关于加强房地产税收管理的通知》(国税发[2005]89号)和《国家税务总局关于房地产税收政策执行中几个具体问题的通知》(国税发[2005]172号)的有关规定执行。

(4)自2011年9月1日起,纳税人转让土地使用权或者销售不动产的同时一并销售的附着于土地或者不动产上的固定资产中,凡属于增值税应税货物的,应按照《财政部、国家税务总局关于部分货物适用增值税低税率和简易办法征收增值税政策的通知》(财税[2009]9号)第二条有关规定,计算缴纳增值税;凡属于不动产的,应按照《中华人民共和国营业税暂行条例》"销售不动产"税目计算缴纳营业税。

纳税人应分别核算增值税应税货物和不动产的销售额,未分别核算或核算不清的,由主管税务机关核定其增值税应税货物的销售额和不动产的销售额。

提示

对于纳税人提供劳务、转让无形资产或销售不动产价格明显偏低而无正当理由的,或者视同发生应税行为而无营业额的,税务机关可按下列顺序确定其营业额:

(1)按纳税人最近时期发生同类应税行为的平均价格核定。

(2)按其他纳税人最近时期发生同类应税行为的平均价格核定。

(3)按下列公式核定:

$$营业额=\frac{营业成本或者工程成本\times(1+成本利润率)}{(1-营业税税率)}$$

公式中的成本利润率,由省、自治区、直辖市税务局确定。

（九）营业额的其他规定

（1）纳税人的营业额计算缴纳营业税后因发生退款减除营业额的，应当退还已缴纳营业税款或者从纳税人以后的应缴纳营业税额中减除。

（2）纳税人发生应税行为，如果将价款与折扣额在同一张发票上注明的，以折扣后的价款为营业额；如果将折扣额另开发票的，不论其在财务上如何处理，均不得从营业额中扣除。

电信单位销售的各种有价电话卡，由于其计费系统只能按有价电话卡面值出账并按有价电话卡面值确认收入，不能直接在销售发票上注明折扣折让额，以按面值确认的收入减去当期财务会计上体现的销售折扣折让后的余额为营业额。

（3）单位和个人提供应税劳务、转让无形资产和销售不动产时，因受让方违约而从受让方取得的赔偿金收入，应并入营业额中征收营业税。

（4）单位和个人因财务会计核算办法改变，将已缴纳过营业税的预收性质的价款逐期转为营业收入时，允许从营业额中减除。

（5）劳务公司接受用工单位的委托，为其安排劳动力，凡用工单位将其应支付给劳动力的工资和为劳动力上交的社会保险（包括养老保险金、医疗保险、失业保险、工伤保险等，下同）以及住房公积金统一交给劳务公司代为发放或办理的，以劳务公司从用工单位收取的全部价款减去代收转付给劳动力的工资和为劳动力办理社会保险及住房公积金后的余额为营业额。

（6）自 2004 年 12 月 1 日起，营业税纳税人购置税控收款机，经主管税务机关审核批准后，可凭购进税控收款机取得的增值税专用发票，按照发票上注明的增值税额，抵免当期应纳营业税额，或者按照购进税控收款机取得的普通发票上注明的价款，依下列公式计算可抵免税额：

可抵免税额 = 价款 ÷（1+17%）× 17%

当期应纳税额不足抵免的，未抵免部分可在下期继续抵免。

（7）纳税人提供应税劳务向对方收取的全部价款和价外费用，按相关规定可以扣除部分金额后确定营业额的，其扣除的金额应提供下列相关的合法有效凭证：

①支付给境内单位或者个人的款项，且该单位或者个人发生的行为属于营业税或者增值税征收范围的，以该单位成者个人开具的发票为合法有效凭证。

②支付的行政事业性收费或者政府性基金，以开具的财政票据为合法有效凭证。

③支付给境外单位或者个人的款项，以该单位或者个人的签收单据为合法有效凭证。税务机关对签收单据有疑义的，可以要求其提供境外公证机构的确认证明。

④国家税务总局规定的其他合法有效凭证。

应纳税额的计算

营业税税款的计算比较简单。纳税人提供应税劳务、转让无形资产或者销售不动产，按照营业额和规定的适用税率计算应纳税额。计算公式如下：

应纳税额 = 营业额 × 税率

【典型例题 4-1】某运输公司某月运营售票收入总额为 600 万元，从中支付联运业务的金额为 100 万元，能够提供合法有效凭证。请计算该运输公司应纳营业税额。

应纳营业税额 =（售票收入总额 – 联运业务支出）× 适用税率

=（600–100）×3%

=15（万元）

【典型例题 4–2】某卡拉 OK 歌舞厅某月取得门票收入为 60 万元，台位费收入为 30 万元，相关的烟酒和饮料费收入为 20 万元，鲜花和小吃收入为 10 万元，假定适用的税率为 15%。请计算该歌舞厅应纳营业税额。

应纳营业税额 = 营业额 × 适用税率

=（60+30+20+10）×15%

=18（万元）

应纳税额以人民币为计算单位，如果纳税人以外汇结算营业额的，须按外汇市场价格折合成人民币计算。人民币的折合率可选择营业额发生的当天或者当月 1 日的人民币汇率中间价。纳税人应当在事先确定采用何种折合率，确定后 1 年内不得变更。

金融保险业以外汇结算营业额的，金融业按其收到收汇的当天或当季季末中国人民银行公布的基准汇价折合营业额；保险业按其收到外汇的当天或当月月末中国人民银行公布的基准汇价折合营业额，并计算营业税。无论纳税人选择何种折合率，确定后 1 年之内不得变动。

特殊经营行为的税务处理

营业税属于流转税的税种，与增值税一样在商品生产、流通过程中发挥作用。尽管税法已经明确划分了营业税和增值税的征收范围，但是，在实际经营活动中有些行为还是很难分清的。纳税人可以同时从事多项应税活动。例如，宾馆附设餐厅、娱乐厅、健身房等适用不同税率的应税项目；客运站兼营商店等适用不同税种的经济活动。正确处理不同经营活动的税收问题是维护税法严肃性的需要，也是维护纳税人合法利益的客观要求。

（一）兼营不同税目的应税行为

税法规定，纳税人兼营不同税目应税行为的，应当分别核算不同税目的营业额、转让额、销售额，然后按各自的适用税率计算应纳税额；未分别核算的，将从高适用税率计算应纳税额。

营业额是指从事交通运输业、建筑业、金融保险业、邮电通信业、文化体育业、娱乐业和服务业取得的营业收入；转让额是指转让无形资产取得的收入；销售额是指销售不动产取得的收入。

（二）混合销售行为

一项销售行为如果既涉及应税劳务又涉及货物的，为混合销售行为。从事货物的生产、批发或零售的企业、企业性单位及个体工商户的混合销售行为，视为销售货物，不征收营业税；其他单位和个人的混合销售行为，视为提供应税劳务，应当征收营业税。

以上所述的货物是指有形动产，包括电力、热力、气体在内。上述从事货物的生产、批发或零售的企业、企业性单位及个体经营者，包括以从事货物的生产、批发或零售为主，并兼营应税劳务的企业、企业性单位及个体工商户在内。

纳税人的销售行为是否属于混合销售行为，由国家税务总局所属征收机关确定。

（三）兼营应税劳务与货物或非应税劳务行为

纳税人兼营应税行为和货物或者非应税劳务的，应当分别核算应税行为的营业额和货物或者非应税劳务的销售额，其应税行为营业额缴纳营业税，应税劳务销售额不缴纳营业税；未分别核算的，由主管税务机关核定其应税行为营业额。

纳税人兼营免税、减税项目的，应当单独核算免税、减税项目的营业额；未单独核算营业额的，不得免税、减税。

（四）营业税与增值税征税范围的划分

纳税人的下列混合销售行为，应当分别核算应税劳务的营业额和货物的销售额，其应税劳务的营业额缴纳营业税，货物销售额不缴纳营业税；未分别核算的，由主管税务机关核定其应税劳务的营业额。

1. 邮电业务征税问题

（1）集邮商品的生产征收增值税。邮政部门（含集邮公司）销售集邮商品，应当征收营业税；邮政部门以外的其他单位与个人销售集邮商品，征收增值税。集邮是指收集和保存各种邮票以及与邮政相联系的其他邮品的活动。

集邮商品指邮票、小型张、小本票、明信片、首日封、邮折、集邮簿、邮盘、邮票目录、护邮袋、贴片等。

（2）邮政部门发行报刊，征收营业税；其他单位和个人发行报刊，征收增值税。报刊发行是指邮政部门代出版单位收订、投递和销售各种报纸、杂志的业务。

（3）电信单位自己销售电信物品，并为客户提供有关的电信劳务服务的，征收营业税；对单纯销售无线寻呼机、移动电话等不提供有关的电信劳务服务的，征收增值税。电信物品是指电信业务专用或通用的物品，如无线寻呼机、移动电话、电话机及其他电信器材等。

2. 其他与增值税的划分问题

（1）燃气公司和生产、销售货物或提供增值税应税劳务的单位，在销售货物或提供增值税应税劳务时，代有关部门向购买方收取的集资费［包括管道煤气集资款（初装费）］、手续费、代收款等，属于增值税价外收费，应征收增值税，不征收营业税。

（2）随汽车销售提供的汽车按揭服务和代办服务业务征收增值税，单独提供按揭、代办服务业务并不销售汽车的，应征收营业税。

3. 销售自产货物并同时提供建筑业劳务的征税问题

（1）自2011年5月1日起，纳税人销售自产货物同时提供建筑业劳务，应按照《增值税暂行条例实施细则》第六条及《营业税暂行条例实施细则》第七条规定，分别核算其货物的销售额和建筑业劳务的营业额，并根据其货物的销售额计算缴纳增值税，根据其建筑业劳务的营业额计算缴纳营业税。未分别核算的，由主管税务机关分别核定其货物的销售额和建筑业劳务的营业额。该规定施行前已征收增值税、营业税的不再作纳税调整，未征收增值税或营业税的按该规定执行。

（2）纳税人的认定。规定中所称“纳税人”是指从事货物生产的单位或个人。

纳税人销售自产货物同时提供建筑业劳务，须向建筑业劳务发生地主管地方税务机关提供其机构所在地主管国家税务机关出具的本纳税人属于从事货物生产的单位或个人的证明。建筑业劳务发生地主管地方税务机关根据纳税人持有的证明，按本规定计算征收营业税。

（3）纳税人按照客户要求，为钻井作业提供泥浆和工程技术服务的行为，应按提供泥浆工程劳务项目，照章征收营业税，不征收增值税。

4. 商业企业向货物供应方收取的部分费用征收流转税问题

自 2004 年 7 月 1 日起，对商业企业向供货方收取的与商品销售量、销售额无必然联系，且商业企业向供货方提供一定劳务的收入。例如，进场费、广告促销费、上架费、展示费、管理费等，不属于平销返利，不冲减当期增值税进项税额，应按营业税的适用税目税率（5%）征收营业税。商业企业向供货方收取的各种收入，一律不得开具增值税专用发票。

第 3 节　纳税申报与账务处理

纳税义务发生时间

营业税的纳税义务发生时间为纳税人收讫营业收入款项或者取得索取营业收入款项凭据的当天，为书面合同确定的付款日期的当天；未签订书面合同或者书面合同未确定付款日期的，为应税行为完成的当天。收讫营业收入款项是指纳税人应税行为发生过程中或者完成后收取的款项。对某些具体项目进一步明确如下：

（1）转让土地使用权或者销售不动产，采用预收款方式的，其纳税义务发生时间为收到预收款的当天。

纳税人提供建筑业或者租赁业劳务，采取预收款方式的，其纳税义务发生时间为收到预收款的当天。

（2）单位或者个人自己新建建筑物后销售，其自建行为的纳税义务发生时间，为其销售自建建筑物并收讫营业额或者取得索取营业额凭据的当天。

（3）纳税人将不动产或者土地使用权无偿赠送其他单位或者个人的，其纳税义务发生时间为不动产所有权、土地使用权转移的当天。

（4）会员费、席位费和资格保证金纳税义务发生时间为会员组织收讫会员费、席位费、资格保证金和其他类似费用款项或者取得索取这些款项凭据的当天。

（5）扣缴税款义务发生时间为扣缴义务人代纳税人收讫营业收入款项或者取得索取营业收入款项凭据的当天。

（6）融资租赁业务，纳税义务发生时间为取得租金收入或取得索取租金收入价款凭据的当天。

（7）金融商品转让业务，纳税义务发生时间为金融商品所有转移之日。

（8）金融经纪业务和其他金融业务，纳税义务发生时间为取得营业收入或取得索取营业收入价款凭据的当天。

（9）保险业务，纳税义务发生时间为取得保费收入或取得索取保费收入价款凭据的当天。

（10）金融企业承办委托贷款业务营业税的扣缴义务发生时间，为受托发放贷款的金融机构代委托人收讫贷款利息的当天。

（11）电信部门销售有价电话卡的纳税义务发生时间，为售出电话卡并取得售卡收入或取得索取售卡收入凭据的当天。

纳税期限

营业税的纳税期限，分别为 5 日、10 日、15 日、1 个月或 1 个季度。纳税人的具体纳税期限，由主管税务机关根据纳税人应纳税额的大小分别核定；不能按照固定期限纳税的，可以按次纳税。

纳税人以 1 个月或 1 个季度为一期纳税的，自期满之日起 15 日内申报纳税；以 5 日、10 日或者 15 日为一期纳税的，自期满之日起 5 日内预缴税款，于次月 1 日起 15 日内申报纳税并结清上月应纳税款。

扣缴义务人的解缴税款期限，比照上述规定执行。

银行、财务公司、信托投资公司、信用社、外国企业常驻代表机构的纳税期限为 1 个季度。自纳税期满之日起 15 日内申报纳税。

保险业的纳税期限为 1 个月。

纳税地点

营业税的纳税地点原则上采取属地征收的方法，就是纳税人在经营行为发生地缴纳应纳税款。具体规定如下：

（1）纳税人提供应税劳务，应当向机构所在地 / 居住地的主管税务机关申报纳税。

（2）纳税人转让土地使用权，应当向土地所在地主管税务机关申报纳税。纳税人转让其他无形资产，应当向其机构所在地或居住地的主管税务机关申报纳税。

（3）单位和个人出租土地使用权、不动产的营业税纳税地点为土地、不动产所在地；单位和个人出租物品、设备等动产的营业税纳税地点为出租单位机构所在地或个人居住地。

（4）纳税人销售不动产，应当向不动产所在地主管税务机关申报纳税。

（5）在中华人民共和国境内的电信单位提供电信业务的营业税纳税地点为电信单位机构所在地。

（6）在中华人民共和国境内的单位提供的设计（包括在开展设计时进行的勘探、测量等业务，下同）、工程监理，调试和咨询等应税劳务的，其营业税纳税地点为单位机构所在地。

（7）在中华人民共和国境内的单位通过网络为其他单位和个人提供培训、信息和远程调试、检测等服务的，其营业税纳税地点为单位机构所在地。

⊙营业税常见问题提醒

（1）从事兼营业务的纳税人未按规定分别核算。

（2）境外纳税人在境内发生应税行为，支付人未履行扣缴义务。

（3）混淆征免税范围，错用税目税率。

（4）差额纳税扣除不符合规定。

（5）应税收入长期挂往来账，隐匿或分解收入。

（6）销售不动产、提供建筑安装劳务以及租赁业务收到的预收款应及时申报纳税。

（7）视同销售不纳税。

账务处理

营业税是对在我国境内提供应税劳务、转让无形资产或销售不动产的单位和个人就其取得的营业收入征收的一种流转税。

1. 科目设置

为了核算企业按规定应交的营业税，企业应在“应交税费”科目下设置“应交营业税”明细科目。

“应交税费——应交营业税”科目的借方登记企业已缴纳的营业税，贷方登记企业应缴纳的营业税。期末余额在借方，反映企业多交的营业税；期末余额在贷方，反映企业尚未缴纳的营业税。

2. 账务处理

（1）企业发生应缴纳营业税的经济业务，按其营业额和规定的税率，计算应缴纳的营业税：

借：营业税金及附加（与主要业务收入有关的营业税）

　　其他业务成本（与其他业务收入有关的营业税）

　贷：应交税费——应交营业税

【典型例题 4-3】某运输公司某月运营收入总额为 300 000 元，适用的营业税税率为 3%。则其应交纳的营业税额为 9 000 元（300 000 × 3%），账务处理如下：

借：营业税金及附加　　9 000

　贷：应交税费——应交营业税　　9 000

【典型例题 4-4】某工业企业在生产销售产品的同时，还对外提供运输劳务。5 月份，运输收入为 500 000 元，适用的营业税税率为 3%。则其应缴纳的营业税额为 15 000 元（500 000 × 3%），账务处理如下：

借：其他业务成本　　15 000

　贷：应交税费——应交营业税　　15 000

（2）出售原作为固定资产管理的不动产应交纳的营业税，应记入“固定资产清理”科目：

借：固定资产清理

　贷：应交税费——应交营业税

但是，房地产开发企业经营房屋不动产所缴纳的营业税，应记入“营业税金及附加”科目。

【典型例题 4–5】某企业出售一幢厂房，出售收入 200 000 元已存入银行。该厂房的账面原值为 500 000 元，已提折旧 300 000 元；出售过程中用银行存款支付清理费用 10 000 元。销售该项固定资产适用的营业税税率为 5%。根据上述经济业务，应作如下账务处理：

（1）该固定资产转入清理：

	借方	贷方
借：固定资产清理	200 000	
累计折旧	300 000	
贷：固定资产		500 000

（2）收到出售收入：

	借方	贷方
借：银行存款	200 000	
贷：固定资产清理		200 000

（3）支付清理费用：

	借方	贷方
借：固定资产清理	10 000	
贷：银行存款		10 000

（4）计算应纳营业税：

应纳营业税 =200 000 × 5%=10 000（元）

	借方	贷方
借：固定资产清理	10 000	
贷：应交税费——应交营业税	10 000	

（5）结转销售固定资产的损益：

	借方	贷方
借：营业外支出	20 000	

贷：固定资产清理 20 000

（3）企业实际缴纳营业税时：

借：应交税费——应交营业税

贷：银行存款

【典型例题 4-6】期末，企业以银行存款缴纳该月的营业税100 000 元。根据上述经济业务，应作如下账务处理：

借：应交税费——应交营业税 100 000

贷：银行存款 100 000

SHOU BA SHOU
JIAO NI
ZUO NA SHUI

05

城市维护建设税与教育费附加

城市维护建设税是对从事工商经营，缴纳消费税、增值税、营业税的单位和个人征收的一种税。

教育费附加是对缴纳增值税、消费税、营业税的单位和个人，就其实际缴纳的税额为计算依据征收的一种附加费。

第 1 节　城市维护建设税

城市维护建设税概述

（一）纳税义务人

城市维护建设税简称“城建税”。城市维护建设税的纳税义务人，是指负有缴纳增值税、消费税和营业税（以下简称“三税”）义务的单位和个人，包括国有企业、集体企业、私营企业、股份制企业、其他企业和行政单位、事业单位、军事单位、社会团体、其他单位，以及个体工商户及其他个人。

自 2010 年 12 月 1 日起，对外商投资企业、外国企业及外籍个人（以下简称外资企业）征收城市维护建设税。

城市维护建设税的代扣代缴、代收代缴，一律比照增值税、消费税、营业税的有关规定办理。增值税、消费税、营业税的代扣代缴、代收代缴义务人同时也是城市维护建设税的代扣代缴、代收代缴人。

（二）税率

城建税的税率是指纳税人应缴纳的城建税税额与纳税人实际缴纳的“三税”税额之间的比率，城建税按纳税人所在地的不同，设置了三档地区差别比例税率，除特殊规定外，即：

（1）纳税人所在地为市区的，税率为7%。

（2）纳税人所在地为县城、镇的，税率为5%。

（3）纳税人所在地不在市区、县城或者镇的，税率为1%；开采海洋石油资源的中外合作油（气）田所在地在海上，其城市维护建设税使用1%的税率。

城建税的适用税率，应当按纳税人所在地的规定税率执行。但是，对下列两种情况，可按缴纳“三税”所在地的规定税率就地缴纳城建税：

（1）由受托方代扣代缴、代收代缴“三税”的单位和个人，其代扣代缴、代收代缴的城建税按受托方所在地适用税率执行。

（2）流动经营等无固定纳税地点的单位和个人，在经营地缴纳“三税”的，其城建税的缴纳按经营地适用税率执行。

（三）计税依据

城建税的计税依据是指纳税人实际缴纳的“三税”税额。纳税人违反“三税”有关税法而加收的滞纳金和罚款，是税务机关对纳税人违法行为的经济制裁，不作为城建税的计税依据，但纳税人在被查补“三税”和被处以罚款时，应同时对其偷漏的城建税进行补税、征收滞纳金和罚款。

城建税以“三税”税额为计税依据并同时征收，如果要免征或者减征“三税“，也就要同时免征或者减征城建税。但对出口产品退还增值税、消费税的，不退还已缴纳的城建税。

自2005年1月1日起，经国家税务总局正式审核批准的当期免抵的增值税额应纳入城市维护建设税和教育费附加的计征范围，分别按规定的税（费）率征收城市维护建设税和教育费附加。

应纳税额的计算

城建税应纳税额的大小是由纳税人实际缴纳的“三税”税额决定的，其计算公式如下：

$$\text{应纳税额}=\text{纳税人实际缴纳的增值税、消费税、营业税税额}\times\text{适用税率}$$

由于城建税法实行纳税人所在地差别比例税率，所以在计算应纳税额时，应注意根据纳税人所在地来确定适用税率。

【典型例题5-1】某市区一家企业2014年5月份实际缴纳增值税300 000元，缴纳消费税400 000元，缴纳营业税200 000元。计算该企业应纳的城建税额。

$$\text{应纳城建税额}=\left(\text{实际缴纳的增值税}+\text{实际缴纳的消费税}+\text{实际缴纳的营业税}\right)\times\text{适用税率}$$

$$=（300\ 000+400\ 000+200\ 000）\times 7\%$$

$$=900\ 000\times 7\%$$

$$=63\ 000（元）$$

【典型例题 5–2】某市区一企业 2014 年 6 月缴纳进口关税 65 万元，进口环节增值税 15 万元，进口环节消费税 26.47 万元；本月实际缴纳增值税 36 万元，营业税 13 万元，消费税 85 万元。在税务检查过程中，税务机关发现，该企业所属宾馆上月隐瞒饮食服务收入 50 万元，本月被查补相关税金（营业税率为 5%）。本月收到上月报关出口自产货物应退增值税 35 万元。那么，该企业 6 月份应纳城市维护建设税是多少？

解析：当月查补的营业税属于企业实际缴纳的营业税额，应作为城建税的计税依据。

6 月份应纳城市维护建设税额 =（36+85+13）×7%+50×5%×7%

=9.38+0.175

=9.555（万元）

申报缴纳与账务处理

城建税的纳税环节，实际就是纳税人缴纳“三税”的环节。纳税人只要发生“三税”的纳税义务，就要在同样的环节，分别计算缴纳城建税。

（一）纳税地点

城建税以纳税人实际缴纳的增值税、消费税、营业税税额为计税依据，分别与“三税”同时缴纳。所以，纳税人缴纳“三税”的地点，就是该纳税人缴纳城建税的地点。但是，属于下列情况的，纳税地点如下：

（1）代扣代缴、代收代缴“三税”的单位和个人，同时也是城市维护建设税的代扣代缴、代收代缴义务人，其城建税的纳税地点在代扣代收地。

（2）跨省开采的油田，下属生产单位与核算单位不在一个省内的，其生产的原油，在油井所在地缴纳增值税，其应纳税款由核算单位按照各油井的产量和规定税率，计算汇拨各油井缴纳。所以，各油井应纳的城建税，应由核算单位计算，随同增值税一并汇拨油井所在地，由油井在缴纳增值税的同时，一并缴纳城建税。

（3）对管道局输油部分的收入，由取得收入的各管道局于所在地缴纳营业税。所以，其应纳城建税，也应由取得收入的各管道局于所在地缴纳营业税时一并缴纳。

（4）对流动经营等无固定纳税地点的单位和个人，应随同“三税”在经营地按适用税率缴纳。

（二）纳税期限

由于城建税是由纳税人在缴纳“三税”时同时缴纳的，所以其纳税期限分别与“三税”的纳税期限一致。根据增值税法和消费税法规定，增值税、消费税的纳税期限均分别为1日、3日、5日、10日、15日或者1个月；根据营业税法规定，营业税的纳税期限分别为5日、10日、15日或者1个月。增值税、消费税、营业税的纳税人的具体纳税期限，由主管税务机关根据纳税人应纳税额大小分别核定；不能按照固定期限纳税的，可以按次纳税。

由于《城市维护建设税暂行条例》是在1994年分税制前制定的，1994年后，增值税、消费税由国家税务局征收管理，而城市维护建设税由地方税务局征收管理，因此，在缴纳入库的时间上不一定完全一致。

（三）税收优惠

城建税原则上不单独减免，但因城建税又具附加税性质，当主税发生减免时，城建税相应发生税收减免。城建税的税收减免具体有以下几种情况：

（1）城建税按减免后实际缴纳的“三税”税额计征，即随“三税”的减免而减免。

（2）对于因减免税而需进行“三税”退库的，城建税也可同时退库。

（3）海关对进口产品代征的增值税、消费税，不征收城建税。

（4）对“三税”实行先征后返、先征后退、即征即退办法的，除另有规定外，对随“三税”附征的城市维护建设税和教育费附加，一律不退（返）还。

（5）对国家重大水利工程建设基金免征城市维护建设税。

（四）账务处理

（1）按规定计算应缴纳的城市维护建设税、教育费附加：

借：营业税金及附加

　贷：应交税费——应交城市维护建设税

（2）实际缴纳城市维护建设税：

借：应交税费——应交城市维护建设税

　贷：银行存款

【典型例题 5–3】4 月 30 日，某企业计提了当月应缴纳的城市维护建设税和教育费附加。其当月实际缴纳的增值税为 100 000 元，消费税为 40 000 元，营业税为 10 000 元，适用的城市维护建设税税率为 7%，教育费附加征收率为3%。5月10日，企业以银行存款实际缴纳了4月份的城市维护建设税。根据上述经济业务，应作如下账务处理：

（1）4月30日，计算应缴纳的城建税时：

应交城市维护建设税＝（100 000+40 000+10 000）×7%=10 500（元）

借：营业税金及附加　　10 500

　贷：应交税费——应交城市维护建设税　　10 500

（2）5月10日，实际缴纳城建税和教育费附加时：

借：应交税费——应交城市维护建设税　　10 500

　贷：银行存款　　10 500

第2节　教育费附加

教育费附加是为加快地方教育事业，扩大地方教育经费的资金而征收的一项专用基金。教育费附加和地方教育附加是对缴纳增值税、消费税、营业税的单位和个人，就其实际缴纳的税额为计算依据征收的一种附加费。

教育费附加概述

（一）征收范围及计征依据

教育费附加和地方教育费附加对缴纳增值税、消费税、营业税的单位利个人征收，以其实际缴纳的增值税、消费税和营业税为计征依据，分别与增值税、消费税和营业税同时缴纳。

自 2010 年 12 月 1 日起，对外商投资企业、外国企业及外籍个人（以下简称外资企业）征收教育费附加。

（二）计征比率

教育费附加计征比率曾几经变化，1986 年开征时，规定为 1%；1990 年 5 月《国务院关于修改〈征收教育费附加的暂行规定〉的决定》中规定为按照 1994 年 2 月 7 日《国务院关于教育费附加征收问题的紧急通知》的规定，现行教育费附加征收比率为 3%，地方教育费附加征收率统一为 2%。

提示：教育费附加和地方教育费附加的减免规定

（1 对海关进口的产品征收的增值税、消费税，不征收教育费附加。

（2）对由于减免增值税、消费税和营业税而发生退税的，可同时退还已征收的教育费附加。但对出口产品退还增值税、消费税的，不退还已征的教育费附加。

（3）对国家重大水利工程建设基金免征教育费附加。

应纳税额的计算

教育费附加和地方教育费附加的计算公式如下：

应纳教育费附加或地方教育费附加 = 实际缴纳的增值税、消费税、营业税 × 征收比率（3% 或 2%）

【典型例题 5-4】北京市区一家企业 2014 年 5 月份实际缴纳增值

税300 000元，缴纳消费税200 000元，缴纳营业税100 000元。计算该企业应纳教育费附加。

$$\text{应纳教育费附加}=\left(\text{实际缴纳的增值税}+\text{实际缴纳的消费税}+\text{实际缴纳的营业税}\right)\times\text{征收比率}$$

=（300 000+200 000+100 000）×3%

=600 000×3%

=18 000（元）

$$\text{应纳地方教育费附加}=\left(\text{实际缴纳的增值税}+\text{实际缴纳的消费税}+\text{实际缴纳的营业税}\right)\times\text{征收比率}$$

=（300 000+200 000+100 000）×2%

=600 000×2%

=12 000（元）

【典型例题5–5】某外贸公司（位于县城）2014年5月出口货物退还增值税15万元，退还消费税30万元；进口半成品缴纳进口环节增值税60万元，内销产品缴纳增值税200万元；本月将一块闲置的土地转让，取得收入500万元，购入该土地时支付土地出让金340万元、各种税费10万元。该企业本月应纳城市维护建设税和教育费附加分别是多少？

解析：出口退还流转税，不退还城建税和教育费附加，进口不征城建税和教育费附加。

应交纳城建税和教育费附加=200×（5%+3%）+（500–340）×5%×（5%+3%）

=16.64（万元）

账务处理

（1）按规定计算应缴纳的城市维护建设税、教育费附加：

借：营业税金及附加

贷：应交税费——应交教育费附加

（2）实际缴纳城市维护建设税：

借：应交税费——应交教育费附加

贷：银行存款

【典型例题 5-6】4 月 30 日，某企业计提了当月应缴纳的城市维护建设税和教育费附加。其当月实际缴纳的增值税为 100 000 元，消费税为 40 000 元，营业税为 10 000 元，适用的城市维护建设税税率为 7%，教育费附加征收率为 3%。5 月 10 日，企业以银行存款实际缴纳了 6 月份的城市维护建设税。根据上述经济业务，应作如下账务处理：

（1）4 月 30 日，计算应缴纳的城建税时：

应交教育费附加 =（100 000+40 000+10 000）×3%

=4 500（元）

借：营业税金及附加　　4 500

贷：应交税费——教育费附加　　4 500

（2）5 月 10 日，实际缴纳城建税和教育费附加时：

借：应交税费——应交教育费附加　　4 500

贷：银行存款　　4 500

SHOU BA SHOU JIAO NI ZUO NA SHUI

06

个人所得税

个人所得税是以自然人取得的各类应税所得为征税对象而征收的一种所得税，是政府利用税收对个人收入进行调节的一种手段。个人所得税的征税对象不仅包括个人，还包括具有自然人性质的企业。

个人所得税是世界各国普遍开征的一个税种，最早产生于18世纪的英国。很多国家个人所得税在全部税收收入总额中所占比重超过了其他税种，称为政府重要的财政收入。

第 1 节　个人所得税概述

纳税义务人

个人所得税的纳税义务人，包括中国公民、个体工商业户、个人独资企业、合伙企业投资者、在中国有所得的外籍人员（包括无国籍人员，下同）和香港、澳门、台湾同胞。

依据住所和居住时间两个标准，个人所得税的纳税义务人区分为居民纳税义务人和非居民纳税义务人，分别承担不同的纳税义务。

（一）居民纳税义务人

根据《个人所得税法》的规定，居民纳税人是指在中国境内有住所，或者无住所而在境内居住满 1 年的个人。

提示

在中国境内有住所的个人，是指因户籍、家庭、经济利益关系而在中国境内习惯性居住的个人。这个住所通常也称为“习惯性住所”。现行税法中关于“中国境内”的概念，是指中国大陆地区，目前还不包括中国香港、澳门和台湾地区。

所谓在境内居住满 1 年，是指在一个纳税年度（即公历 1 月 1 日起至 12 月 31 日止，下同）内，在中国境内居住满 365 日。在计算居住天数时，对临时离境应视同在华居住，不扣减其在华居住的天数。这里所说的临时离境，是指在一个纳税年度内，一次不超过 30 日或者多次累计不超过 90 日的离境。比如，一个外籍人员从 2012 年 10 月起到中国境内的公司任职，在 2013 纳税年度内，曾于 6 月 10 ~ 6 月 18 日离境回国，向其总公司述职，12 月 23 日又离境回国欢度圣诞节和元旦。这两次离境时间相加，没有超过 90 日的标准，应视作临时离境，不扣减其在华居住天数。因此，该纳税义务人应为居民纳税义务人。

居民纳税义务人负有无限纳税义务。其所取得的应纳税所得，无论是来源于中国境内还是中国境外任何地方，都要在中国缴纳个人所得税。

（二）非居民纳税义务人

根据《个人所得税法》的规定，非居民纳税人是指：在中国境内无住所又不居住或者无住所而在境内居住不满 1 年的个人。

也就是说，非居民纳税义务人，是指习惯性居住地不在中国境内，而且不在中国居住，或者在一个纳税年度内，在中国境内居住不满 1 年的个人。

提示

在现实生活中，习惯性居住地不在中国境内的个人，只有外籍人员、华侨或香港、澳门和台湾同胞。因此，非居民纳税义务人，实际上只能是在一个纳税年度中，没有在中国境内居住，或者在中国境内居住不满1年的外籍人员、华侨或香港、澳门、台湾同胞。

非居民纳税义务人承担有限纳税义务，即仅就其来源于中国境内的所得，向中国缴纳个人所得税。

征税范围

确定应税所得项目可以使纳税人掌握自己都有哪些收入是要缴纳个人所得税的。

（一）应纳税的个人所得范围

根据我国《个人所得税法》的规定，下列各项个人所得，应纳个人所得税。

第一，工资、薪金所得，是指个人因任职或者受雇而取得的工资、薪金、奖金、年终加薪、劳动分红、津贴、补贴以及与任职或者受雇有关的其他所得。

第二，个体工商户的生产、经营所得，是指：

（1）个体工商户从事工业、手工业、建筑业、交通运输业、商业、饮食业、服务业、修理业以及其他行业生产、经营取得的所得。

（2）个人经政府有关部门批准，取得执照，从事办学、医疗、咨询以及其他有偿服务活动取得的所得。

（3）其他个人从事个体工商业生产、经营取得的所得。

（4）上述个体工商户和个人取得的与生产、经营有关的各项应纳税所得。

提示

（1）个人因从事彩票代销业务而取得所得，应按照“个体工商户的生产、经营所得”项目计征个人所得税。

（2）从事个体出租车运营的出租车驾驶员取得的收入，按个体工商户的生产、经营所得项目缴纳个人所得税。

出租车属个人所有，但挂靠出租汽车经营单位或企事业单位，驾驶员向挂靠单位缴纳管理费的，或出租汽车经营单位将出租车所有权转移给驾驶员的，出租车驾驶员从事客货运营取得的收入，比照个体工商户的生产、经营所得项目征税。

（3）个体工商户和从事生产、经营的个人，取得与生产、经营活动无关的其他各项应税所得，应分别按照其他应税项目的有关规定，计算征收个人所得税。比如，取得银行存款的利息所得、对外投资取得的股息所得，应按“股息、利息、红利”税目的规定单独计征个人所得税。

（4）个人独资企业、合伙企业的个人投资者以企业资金为本人、家庭成员及其相关人员支付与企业生产经营无关的消费性支出及购买汽车、住房等财产性支出，视为企业对个人投资者利润分配，并入投资者个人的生产经营所得，依照“个体工商户的生产、经营所得”项目计征个人所得税。

第三，对企事业单位的承包经营、承租经营所得，是指个人承包经营、承租经营以及转包、转租取得的所得，包括个人按月或者按次取得的工资、薪金性质的所得。

第四，劳务报酬所得，是指个人从事设计、装潢、安装、制图、化验、测试、医疗、法律、会计、咨询、讲学、新闻、广播、翻译、审稿、书画、雕刻、影视、录音、录像、演出、表演、广告、展览、技术服务、介绍服务、经纪服务、代办服务以及其他劳务取得的所得。

第五，稿酬所得，是指个人因其作品以图书、报刊形式出版、发表而取得的所得。

第六，特许权使用费所得，是指个人提供专利权、商标权、著作权、非专利技术以及其他特许权的使用权取得的所得；提供著作权的使用权取得的所得，不包括稿酬所得。

第七，利息、股息、红利所得，是指个人拥有债权、股权而取得的利息、股息、红利所得。

第八，财产租赁所得，是指个人出租建筑物、土地使用权、机器设备、车船以及其他财产取得的所得。

第九，财产转让所得，是指个人转让有价证券、股权、建筑物、土地使用权、机器设备、车船以及其他财产取得的所得。

第十，偶然所得，是指个人得奖、中奖、中彩以及其他偶然性质的所得。

第十一，经国务院财政部门确定征税的其他所得。

个人取得的所得，难以界定应纳税所得项目的，由主管税务机关确定。

提示

个人所得的形式，包括现金、实物、有价证券和其他形式的经济利益。所得为实物的，应当按照取得的凭证上所注明的价格计算应纳税所得额；无凭证的实物或者凭证上所注明的价格明显偏低的，参照市场价格核定应纳税所得额。所得为有价证券的，根据票面价格和市场价格核定应纳税所得额。所得为其他形式的经济利益的，参照市场价格核定应纳税所得额。

（二）免纳税的个人所得范围

根据我国《个人所得税法》的规定，下列各项个人所得，免纳个人所得税：

（1）省级人民政府、国务院部委和中国人民解放军军以上单位，以及外国组织、国际组织颁发的科学、教育、技术、文化、卫生、体育、环境保护等方面的奖金。

（2）国债和国家发行的金融债券利息。

（3）按照国家统一规定发给的补贴、津贴。

（4）福利费、抚恤金、救济金。

（5）保险赔款。

（6）军人的转业费、复员费。

（7）按照国家统一规定发给干部、职工的安家费、退职费、退休工资、离休工资、离休生活补助费。

（8）依照我国有关法律规定应予免税的各国驻华使馆、领事馆的外交代表、领事官员和其他人员的所得。

（9）中国政府参加的国际公约、签订的协议中规定免税的所得。

（10）经国务院财政部门批准免税的所得。

税率

个人所得税的税率分别不同个人所得项目，规定了超额累进税率和比例税率两种形式。

（一）工资、薪金所得适用税率

工资、薪金所得，适用七级超额累进税率，3% ~ 45% 税率（见表 6–1）。

表 6–1　工资、薪金所得个人所得税税率表

级数	全月含税应纳税所得额	全月不含税应纳税所得额	税率（%）	速算扣除数
1	不超过 1 500 元的部分	不超过 1 455 元的	3	0
2	超过 1 500 ~ 4 500 元的部分	超过 1 455 元至 4 155 元的部分	10	105
3	超过 4 500 ~ 9 000 元的部分	超过 4 155 元至 7 755 元的部分	20	555
4	超过 9 000 ~ 35 000 元的部分	超过 7 755 元至 27 255 元的部分	25	1 005
5	超过 35 000 ~ 55 000 元的部分	超过 21 255 元至 41 255 元的部分	30	2 755
6	超过 55 000 ~ 80 000 元的部分	超过 41 255 元至 57 505 元的部分	35	5 505
7	超过 80 000 元的部分	超过 57 505 元的部分	45	13 505

注：本表所称全月含税应纳税所得额和全月不含税应纳税所得额，是指依照税法的规定，以每月收入额减除费用 3 500 元后的余额或者再减除附加减除费用后的余额。

（二）个体工商户的生产、经营所得和对企事业单位的承包经营、承租经营适用税率

（1）个体工商户的生产、经营所得和对企事业单位的承包经营、承租经营所得，适用5% ~ 35%的五级超额累进税率。

个体工商户的生产、经营所得和对企事业单位的承包经营、承租经营所得，其个人所得税税率见表6-2。

表6-2　个人所得税税率表

级数	全年含税应纳税所得额	全月不含税应纳税所得额	税率（%）	速算扣除数
1	不超过15 000元的部分	不超过14 250元的	5	0
2	超过15 000 ~ 30 000元的部分	超过14 250元至27 750元的部分	10	750
3	超过30 000 ~ 60 000元的部分	超过27 750元至51 750元的部分	20	37 50
4	超过60 000 ~ 100 000元的部分	超过51 750元至79 750元的部分	30	9 750
5	超过100 000元的部分	超过79 750元的部分	35	14 750

注：本表所称全年含税应纳税所得额和全年不含取应纳税所得额，对个体工商户的生产、经营所得来源，是指以每一纳税年度的收入总额，减除成本、费用、相关税费以及损失后的余额；对企事业单位的承包经营、承租经营所得来源，是指以每一纳税年度的收入总额，减除必要费用后的余额。

这里值得注意的是，由于目前实行承包（租）经营的形式较多，分配方式也不相同，因此，承包、承租人按照承包、承租经营合同（协议）

规定取得所得的适用税率也不一致。

①承包、承租人对企业经营成果不拥有所有权，仅是按合同（协议）规定取得一定所得的，其所得按“工资、薪金”所得项目征税，适用3% ~ 45% 的七级超额累进税率。

②承包、承租人按合同（协议）的规定只向发包、出租方缴纳一定费用后，企业经营成果归其所有的，承包、承租人取得的所得，按对企事业单位的承包经营、承租经营所得项目，适用 5% ~ 35% 的五级超额累进税率征税。

（2）个人独资企业和合伙企业的个人投资者取得的生产经营所得，也适用 5% ~ 35% 的五级超额累进税率。

（三）稿酬所得适用税率

稿酬所得，适用比例税率，税率为 20%，并按应纳税额减征 30%。故其实际税率为 14%。

（四）劳务报酬所得适用税率

劳务报酬所得适用比例税率，税率为 20%。对劳务报酬所得一次收入畸高的，可以实行加成征收，具体办法由国务院规定。

根据《个人所得税法实施条例》规定，“劳务报酬所得一次收入畸高”，是指个人一次取得劳务报酬，其应纳税所得额超过 20 000 元。对应纳税所得额超过 20 000–50 000 元的部分，依照税法规定计算应纳税额后再按照应纳税额加征五成；超过 50 000 元的部分，加征十成。因此，劳务报酬所得实际上适用 20%、30%、40% 的三级超额累进税率（见表 6–3）。

表 6-3　劳务报酬所得个人所得税税率表

级数	每次应纳税所得额	税率（%）
1	不超过 20 000 元的部分	20
2	超过 20 000–50 000 元的部分	30
3	超过 50 000 元的部分	40

注：本表所称每次应纳税所得额，是指每次收入额减除费用 800 元（每次收入额不超过 4 000 元时）或者减除 20% 的费用（每次收入额超过 4 000 元时）后的余额。

（五）特许权使用费所得，利息、股息、红利所得，财产租赁所得，财产转让所得，偶然所得和其他所得适用税率

特许权使用费所得，利息、股息、红利所得，财产租赁所得，财产转让所得，偶然所得和其他所得，适用比例税率，税率为 20%。

提示

从 2007 年 8 月 15 日起，居民储蓄利息税率调为 5%，自 2008 年 10 月 9 日起暂免征收储蓄存款利息的个人所得税。

对个人出租住房取得的所得减按 10% 的税率征收个人所得税。

第 2 节　应纳税额的计算

个人所得税应纳税额的计算，要先根据《个人所得税法》的相关规定，分类别计算出应纳税所得额，再根据相应的税率，从而计算出应纳税额。

企业在实务中，主要需要代扣代缴的个人所得税是工资薪金所得。

工资薪金所得应纳个人所得税的计算

工资、薪金所得，是指个人因任职或者受雇而取得的工资、薪金、奖金、年终加薪、劳动分红、津贴、补贴以及与任职或者受雇有关的其他所得。

（一）应纳税所得额

根据《个人所得税法》的规定：工资、薪金所得，以每月收入额减除费用 3 500 元后的余额，为应纳税所得额。

1. 每月收入额

个人所得税所指的“工资、薪金”项目，除我们日常所说的工资、薪金以外，奖金、年终加薪、劳动分红、津贴、补贴也被确定为个人所得税应税项目的“工资、薪金”范畴。

奖金是指所有具有工资性质的奖金，免税奖金的范围在税法中另有规定。

年终加薪、劳动分红不分种类和取得情况，一律按工资、薪金所得课税。

公司职工取得的用于购买企业国有股权的劳动分红，按“工资、薪金所得”项目计征个人所得税。

出租汽车经营单位对出租车驾驶员采取单车承包或承租方式运营，出租车驾驶员从事客货营运取得的收入，按工资、薪金所得征税。

关于企业减员增效和行政事业单位、社会团体在机构改革过程中实行内部退养办法人员取得收入如何征税问题，现行规定如下：

（1）实行内部退养的个人在其办理内部退养手续后至法定离退休年龄之间从原任职单位取得的工资、薪金，不属于离退休工资，应按“工资、薪金所得”项目计征个人所得税。

（2）个人在办理内部退养手续后从原任职单位取得的一次性收入，应按办理内部退养手续后至法定离退休年龄之间的所属月份进行平均，并与领取当月的“工资、薪金”所得合并后减除当月费用扣除标准，以余额为基数确定适用税率，再将当月工资、薪金加上取得的一次性收入，减去费用扣除标准，按适用税率计征个人所得税。

（3）个人在办理内部退养手续后至法定离退休年龄之间重新就业取得的“工资、薪金”所得，应与其从原任职单位取得的同一月份的“工资、薪金”所得合并，并依法自行向主管税务机关申报缴纳个人所得税。

提示

根据我国目前个人收入的构成情况，规定对于一些不属于工资、薪金性质的补贴、津贴或者不属于纳税人本人工资、薪金所得项目的收入，不予征税。这些项目包括：

（1）独生子女补贴。

（2）执行公务员工资制度未纳入基本工资总额的补贴、津贴差额和家属成员的副食品补贴。

（3）托儿补助费。

（4）差旅费津贴、误餐补助。其中，误餐补助是指按照财政部规定，个人因公在城区、郊区工作，不能在工作单位或返回就餐的，根据实际误餐顿数，按规定的标准领取的误餐费。单位以误餐补助名义发给职工的补助、津贴不能包括在内。

此外，还需要注意一点：根据税法规定，在计算个人所得税时，企业和个人按照省级以上人民政府规定的比例提取并缴付的住房公积金、基本养老保险金、基本医疗保险金、失业保险金（即三险一金），不计入个人当期的工资、薪金收入，免予征收个人所得税。也就是说，每月收入额，不包括个人应交的“三险一金”部分。

【典型例题 6–1】某员工 2014 年 5 月税前收入（未扣除社保和住房公积金个人应缴部分）8 000 元，社会保险和住房公积金的个人缴纳部分合计 1 000 元。该员工不属于附加减除费用适用的范围。请计算该员工的个人所得税应纳税所得额。

应纳税所得额 =8 000–1 000–3 500

=3 500（元）

【典型例题 6–2】企业职工张某 2014 年 5 月应发基本工资 5 000 元，岗位补贴 1 600 元，全勤奖励 400 元，托儿费补助 60 元。单位从其应付工资中扣缴按政府规定由个人负担的基本养老和医疗保险、住房公积金支出共 850 元，还扣缴为其因物业管理纠纷而被物业公司索取的保安费 100 元。该员工不属于附加减除费用适用的范围。请问张某当月个人所得税的应纳税所得额是多少？

当月收入额 =5 000+1 600+400–850

=6 150（元）

应纳税所得额 = 当月收入额 – 费用

=6 150–3 500

=2 650（元）

2. 附加减除费用

这里需要注意的是，根据《个人所得税法》的规定，对在中国境内无住所而在中国境内取得工资、薪金所得的纳税义务人和在中国境内有住所而在中国境外取得工资、薪金所得的纳税义务人，可以根据其平均收入水平、生活水平以及汇率变化情况确定附加减除费用1 300元。

提示

附加减除费用适用的范围，是指：

（1）在中国境内的外商投资企业和外国企业中工作的外籍人员。

（2）应聘在中国境内的企业、事业单位、社会团体、国家机关中工作的外籍专家。

（3）在中国境内有住所而在中国境外任职或者受雇取得工资、薪金所得的个人。

（4）国务院财政、税务主管部门确定的其他人员。

华侨和中国香港、澳门、台湾同胞，参照上述规定执行。

也就是说，符合上述条件的纳税义务人，其工资、薪金所得，以每月收入额减除费用4 800元（3 500+1 300）后的余额，为应纳税所得额。

【典型例题6-3】某企业一名外籍在华雇员詹姆斯2014年5月取得基本工资30 000元，奖金2 000元。该员工属于附加减除费用适用的范围。其当月个人所得税的应纳税所得额为多少？

应纳税所得额=30 000+2 000–4 800

=27 200（元）

二、应纳税额

工资、薪金所得应纳税额的计算公式如下：

应纳税额 = 应纳税所得额 × 税率 – 速算扣除数

由于工资、薪金所得在计算应纳个人所得税额时，适用的是超额累进税率，所以，计算比较繁琐。运用速算扣除数计算法，可以简化计算过程。速算扣除数是指在采用超额累进税率征税的情况下，根据超额累进税率表中划分的应纳税所得额级距和税率，先用全额累进方法计算出税额，再减去用超额累进方法计算的应征税额以后的差额。当超额累进税率表中的级距和税率确定以后，各级速算扣除数也固定不变，成为计算应纳税额时的常数。

【典型例题 6–4】某纳税人 2014 年 5 月含税工资收入 4 200 元，该纳税人不适用附加减除费用的规定。计算其当月应纳个人所得税额。

（1）应纳税所得额 =4 200–3 500

=700（元）

（2）应纳税额 =700 × 3%–0

=21（元）

【典型例题 6–5】某外商投资企业中工作的美国专家（假设为非居民纳税人），2014 年 5 月份取得由该企业发放的含税工资收入 10 400 元人民币。请计算其应纳个人所得税额。

（1）应纳税所得额 =10 400–4 800

=5 600（元）

（2）应纳税额 =5 600 × 20%–555

=565（元）

三、雇主为其雇员负担个人所得税额

雇主为雇员负担全年一次性奖金部分个人所得税款，属于雇员又额外增加了收入，应将雇主负担的这部分税款并入雇员的全年一次性奖金，换算为应纳税所得额后，按照规定方法计征个人所得税。

第一种：雇主为其雇员定额负担部分税款的，应将雇员取得的工资、薪金所得换算成应纳税所得额后，计算单位应当代扣代缴的税款。

②纳税所得额 = 雇员所得的工资 + 雇主代雇员负担的税款 - 费用扣除标准

②应纳税额 = 应纳税所得额 × 适用税率 - 速算扣除数

第二种：雇主为其雇员定率负担部分税款，是指雇主为雇员负担一定比例的工资应纳的税款或负担一定比例的实际应纳税款。

应纳税所得额 =（未含雇主负担的税款的收入额 - 费用扣除标准 - 速算扣除数 × 负担比例）÷（1- 税率 × 负担比例）

应纳税额 = 应纳税所得额 × 适用税率 - 速算扣除数

（四）个人取得全年一次性奖金

全年一次性奖金是指行政机关、企事业单位等扣缴义务人根据其全年经济效益和对雇员全年工作业绩的综合考核情况，向雇员发放的一次性奖金。一次性奖金包括年终加薪、实行年薪制和绩效工资办法的单位根据考核情况兑现的年薪和绩效工资。

纳税人取得全年一次性奖金，单独作为 1 个月工资、薪金所得计算纳税：

（1）先将雇员当月内取得的全年一次性奖金，除以 12 个月，按其商数确定适用税率和速算扣除数。

如果在发放年终一次性奖金的当月，雇员当月工资薪金所得低于税法规定的费用扣除额，应将全年一次性奖金减除“雇员当月工资薪金所得与费用扣除额的差额”后的余额，按上述办法确定全年一次性奖金的适用税率和速算扣除数。

（2）将雇员个人当月内取得的全年一次性奖金，按上述第 1 条确定的适用税率和速算扣除数计算征税，计算公式如下：

①如果雇员当月工资薪金所得高于（或等于）税法规定的费用扣除额的，适用公式如下：

应纳税额 = 雇员当月取得全年一次性奖金 × 适用税率 – 这算扣除数

②如果雇员当月工资薪金所得低于税法规定的费用扣除额的，适用公式如下：

应纳税额 =（雇员当月取得全年一次性奖金 – 雇员当月工资薪金所得与费用扣除额的差额）× 适用税率 – 速算扣除数

（3）在一个纳税年度内，对每一个纳税人，该计税办法只允许采用一次。

（4）实行年薪制和绩效工资的单位，个人取得年终兑现的年薪和绩效工资按上述第 2 条、第 3 条规定执行。

（5）雇员取得除全年一次性奖金以外的其他各种名目奖金，如半年奖、季度奖、加班奖、先进奖、考勤奖等，一律与当月工资、薪金收入合并，按税法规定缴纳个人所得税。

【典型例题 6–6】假定中国公民李某 2013 年在我国境内 1 ~ 12 月每月的工资为 3 800 元，12 月 31 日又一次性领取年终含税奖金 60 000 元。请计算李某取得年终奖金应缴纳的个人所得税。

（1）年终奖金适用的税率和速算扣除数如下：

按 12 个月分摊后，每月的奖金 =60 000 ÷ 12=5 000（元），根据工资、薪金七级超额累进税率的规定，适用的税率和速算扣除数分别为 20%、

555 元。

（2）年终奖应缴纳个人所得税如下：

应纳税额 = 年终奖金收入 × 适用的税率 – 速算扣除数

=60 000 × 20%–555

=12 000–555

=11 445（元）

【典型例题 6–7】李某 2013 年 12 月从任职单位取得全年一次性奖金 19 600 元，当月工资薪金所得 3 100 元，李某 2014 年 1 月应申报缴纳多少个人所得税?

（1）年终奖金适用的税率和速算扣除数。

由于李某当月工资薪金所得低于税法规定的费用扣除额，应先计算出“当月工资薪金所得与费用扣除额的差额”，再将全年一次性奖金减除“雇员当月工资薪金所得与费用扣除额的差额”后的余额，分摊到 12 个月，即：

［19 600–（3 500–3 100）］÷ 12=1 600（元）

适用税率为 10%，速算扣除数为 105。

（2）应纳税额 = 年终奖金收入 × 适用的税率 – 速算扣除数

=〔19 600–（3 500–3 100）〕× 10%–105

=1 815（元）

有些企业年终的时候会发现双薪，然后又有年终奖。那么，如果年终奖与年终双薪同月内发放，该如何计算个人所得税呢?

根据规定，在同一个月内发放全年一次性奖金和年终双薪的个税处理，将所发的双薪与全年一次性奖金合并除以 12 个月，找出对应税率，然后用这一数额 × 税率 – 速算扣除数计算。

全年一次性奖金应税金额 = 全年一次性奖金 + 双薪

个税应纳额 = 全年一次性奖金应税金额 × 税率 – 速算扣除数。

【典型例题 6-8】张海华的年终双薪和全年一次性奖金在同一个月内发放，年终奖金为 10 000 元，年终发放双薪为 3 000 元，当月工资为 3 000 元，则 12 500 元［(10 000+3 000+3 000)–3 500］除以 12，商数 1 041.66 元对应的适用税率为 3%，速算扣除数为 0，年终奖金应纳税额为 375 元（12 500 × 3%）。当月工资、薪金所得由于低于 3 500 元的费用扣除标准，不再缴纳个人所得税。该纳税人当月共计应纳个人所得税 375 元。

（五）派遣单位和雇用单位分别支付工资

在实务中，存在着这么种情况：在劳务派遣时，有些人会从雇佣单位和派遣单位分别领取工资、薪金。对于这种情况，为了有利于征管，采取由支付者一方减除费用的办法：

（1）只有雇佣单位在支付工资、薪金时，才可以按税法规定减除费用，计算扣缴税款。

雇佣单位应扣缴税额 =（月收入 – 减除费用）× 税率 – 速算扣除数

（2）派遣单位支付的工资、薪金不再减除费用，以支付全额直接确定适用税率，计算扣缴个人所得税。

派遣单位应扣缴税额 = 月收入 × 税率 – 速算扣除数

（3）上述纳税义务人，应持两处支付单位提供的原始明细工资、薪金单（书）和完税凭证原件，选择并固定到一地税务机关申报每月工资、薪金收入，汇算清缴其工资、薪金收入的个人所得税，多退少补。具体申报期限，由各省、自治区、直辖市税务局确定。

个人补缴税款 =（月收入 – 减除费用）× 税率 – 速算扣除数 – 已代扣代缴税额

【典型例题 6-9】钱某为一外商投资企业雇佣的中方人员，2013 年 12 月工资收入情况如下：从外商投资投资企业取得工薪 12 000 元，国内派遣单位支付工资 4 000 元。请计算雇佣单位和派遣单位应扣缴税额和钱某应补税额。

雇佣单位应扣缴税额 =（月收入 – 减除费用）× 税率 – 速算扣除数

=（12 000–3 500）×20%–555=1 145（元）

派遣单位应扣缴税额 =4 000×10%–105=295（元）

钱某 12 月份应纳个税 =（12 000+4 000–3 500）×25%–1 005=2 120（元）

应补税款 =2 120–1 145–295=680（元）

（注意：将部分工资上交派遣单位时允许扣除实际上缴部分，余额纳税）

（六）特定行业职工取得的工资、薪金所得

为了照顾采掘业、远洋运输业、远洋捕捞业因季节、产量等因素的影响，职工的工资、薪金收入呈现较大幅度波动的实际情况，对这三个特定行业的职工取得的工资、薪金所得，可按月预缴，年度终了后 30 日内，合计其全年工资、薪金所得，再按 12 个月平均并计算实际应纳的税款，多退少补。用公式表示如下：

$$\text{应纳所得税额}=\left[\left(\text{全年工资、薪金收入}\div 12-\text{费用扣除标准}\right)\times\text{税率}-\text{速算扣除数}\right]\times 12$$

（七）对个人因解除劳动合同取得的经济补偿金的计税方法

（1）企业依照国家有关法律宣告破产，职工取得一次性安置收入——

免税。

（2）个人因与单位解除劳动关系取得的一次性补偿收入（包括用人单位发放的经济补偿金、生活补助费和其他补助费用），其收入在当地上年职工平均工资3倍数额以内的部分，免征个人所得税；超过的部分，可视为一次取得数月的工资、薪金收入，允许在一定期限内进行平均。具体平均办法为：以个人取得的一次性经济补偿收入，除以个人在本企业的工作年限数，以其商数作为个人的月工资、薪金收入，按照税法规定计算缴纳个人所得税。个人在本企业的工作年限数按实际工作年限数计算，超过12年的按12计算。

个人在解除劳动合同后又再次任职、受雇的，对个人已缴纳个人所得税的一次性经济补偿收入，不再与再次任职、受雇的工资、薪金所得合并计算补偿个人所得税。

（3）个人领取一次性补偿收入时按照国家和地方政府规定的比例实际缴纳的住房公积金、医疗保险费、基本养老保险费、失业保险费，可以在计征其一次性补偿收入的个人所得税时予以扣除。

【典型例题6-10】2014年5月，某单位增效减员与在单位工作了16年的王强解除劳动关系，取得一次性补偿收入12万元，当地上年职工平均工资20 000元，则王强该项收入应纳个人所得税是多少？

①计算免征额=20 000×3=60 000（元）

②按其工作年限平摊其应税收入，即其工作多少年，就将应税收入看作多少个月的工资，但最多不能超过12个月，最后再推回全部应纳税额：

视同月应纳税所得额=（120 000−60 000）÷12−3 500=1 500（元）

③应纳税额=1 500×3%×12=540（元）

【典型例题6-11】我市某企业于2014年5月与该单位职工王某（工龄10年）解除劳动合同，一次性支付经济补偿金20万元，按规定缴纳“四金”1 000元，王某应缴纳多少个人所得税？

（1）免税部分=149 400+1 000=150 400（元）

（2）应纳税额=［（200 000–150 400）÷10–3 500］×3%×10=438（元）

个体工商户的生产、经营所得应纳个人所得税的计算

根据税法规定，个体工商户的生产、经营所得，以每一纳税年度的收入总额，减除成本、费用以及损失后的余额，为应纳税所得额。成本、费用是指纳税义务人从事生产、经营所发生的各项直接支出和分配计入成本的间接费用以及销售费用、管理费用、财务费用；损失是指纳税义务人在生产、经营过程中发生的各项营业外支出。

从事生产、经营的纳税义务人未提供完整、准确的纳税资料，不能正确计算应纳税所得额的，由主管税务机关核定其应纳税所得额。

个人独资企业的投资者以全部生产经营所得为应纳税所得额；合伙企业的投资者按照合伙企业的全部生产经营所得和合伙协议约定的分配比例，确定应纳税所得额，合伙协议没有约定分配比例的，以全部生产经营所得和合伙人数量平均计算每个投资者的应纳税所得额。

上述所称生产经营所得，包括企业分配给投资者个人的所得和企业当年留存的所得（利润）。

提示

（1）自2011年9月1日起，个体工商户业主的费用扣除标准统一确定为42 000元/年，即3 500元/月。

（2）个体工商户向其从业人员实际支付的合理的工资、薪金支出，允许在税前据实扣除。

（3）个体工商户拨缴的工会经费、发生的职工福利费、职工教育经费支出分别在工资薪金总额2%、14%、2.5%的标准内据实扣除。

（4）个体工商户每一纳税年度发生的广告费和业务宣传费用不超过当年销售（营业）收入15%的部分，可据实扣除；超过部分，准予在以后纳税年度结转扣除。

（5）个体工商户每一纳税年度发生的与其生产经营业务直接相关的业务招待费支出，按照发生额的60%扣除，但最高不得超过当年销售（营业）收入的5‰。

（6）个体工商户在生产、经营期间借款利息支出，凡有合法证明的，不高于按金融机构同类、同期贷款利率计算的数额的部分，准予扣除。

（7）个体工商户或个人专营种植业、养殖业、饲养业、捕捞业，应对其所得计征个人所得税。兼营上述四业并且四业的所得单独核算的，对属于征收个人所得税的，应与其他行业的生产、经营所得合并计征个人所得税；对于四业的所得不能单独核算的，应就其全部所得计征个人所得税。

（8）个体工商户和从事生产、经营的个人，取得与生产、经营活动无关的各项应税所得，应分别适用各应税项目的规定计算征收个人所得税。

（9）个体工商户、个人独资企业和合伙企业在纳税年度中间开业、合并、注销以及其他原因，导致该纳税年度的实际经营期不足1年的，个体工商户业主、个人独资企业投资者和合伙企业自然人投资者，在计算其应纳生产经营所得个人所得税时，以其实际经营期为1个纳税年度。投资者本人的费用扣除标准，按照其实际经营月份数，以3 500元/月的标准确定。

根据税法规定，个体工商户的生产、经营所得应纳税额的计算公式如下：

应纳税额 = 应纳税所得额 × 适用税率 – 速算扣除数

或：

$$应纳税额 = \left(\begin{matrix}全年收\\入总额\end{matrix} - \begin{matrix}成本、费用\\以及损失\end{matrix}\right) \times 适用税率 - 速算扣除数$$

【典型例题 6–12】某个体工商户，账证比较健全，2013年12月取得营业额为80 000元，准许扣除的当月成本、费用及相关税金共计71 000元。1 ~ 11月累计应纳税所得额为73 000元，1 ~ 11月累计已预缴个人所得税为12 000元。计算该个体工商户2013年度应补缴的个人所得税。

按照税收法律、法规和文件规定，先计算全年应纳税所得额，再计算全年应纳税额。该个体工商户2013年度应补缴的个人所得税计算方法如下：

（1）全年应纳税所得额 =80 000–71 000+73 000

=82 000（元）

（2）全年应缴纳个人所得税 =82 000 × 30%–9 750

=14 850（元）

（5）该个体工商户2011年度应补缴的个人所得税 =14 850–12 000

=2 850（元）

对企事业单位的承包经营、承租经营所得应纳个人所得税的计算

对企事业单位的承包经营、承租经营所得，以每一纳税年度的收入总额，减除必要费用后的余额，为应纳税所得额。每一纳税年度的收入总额，是指纳税义务人按照承包经营、承租经营合同规定分得的经营利润和工资、薪金性质的所得；所说的减除必要费用，是指按月减除 3 500 元。

提示

对企事业单位的承包经营、承租经营所得，以每一纳税年度的收入总额，减除必要费用后的余额为应纳税所得额。在一个纳税年度中，承包经营或者承租经营期限不足 1 年的，以其实际经营期为纳税年度。

对企事业单位的承包经营、承租经营所得适用的速算扣除数，同个体工商户的生产、经营所得适用的速算扣除数。

对企事业单位的承包经营、承租经营所得，其个人所得税应纳税额的计算公式如下：

应纳税额 = 应纳税所得额 × 适用税率 – 速算扣除数

或：

应纳税额 =（纳税年度收入总额 – 必要费用）× 适用税率 – 速算扣除数

【典型例题 6–13】某个人与事业单位签订承包合同经营招待所，承包期为 3 年。2013 年招待所实现承包经营利润 140 000 元，按合同规定承包人每年应从承包经营利润中上缴承包费 50 000 元。请计算该承包人 2013 年应纳个人所得税税额。

（1）2013 年应纳税所得额 = 承包经营利润 − 上缴费用 − 每月必要费用扣减合计

=140 000−50 000−（3 500 × 12）

=48 000（元）

（2）该承包人 2013 年应缴纳个人所得税 = 应纳税所得额 × 适用税率−速算扣除数

=48 000 × 20%−3 750

=5 850（元）

劳务报酬所得应纳个人所得税的计算

根据《个人所得税法》的规定，劳务报酬所得，每次收入不超过 4 000 元的，减除费用 800 元；4 000 元以上的，减除 20% 的费用，其余额为应纳税所得额。

提示

在计算劳务报酬应纳个人所得税时，如何准确划分“次”是十分重要的。劳务报酬所得，根据不同劳务项目的特点，分别规定如下：

（1）只有一次性收入的，以取得该项收入为一次。例如，从事设计、安装、装潢、制图、化验、测试等劳务。往往是接受客户的委托，按照客户的要求，完成一次劳务后取得收入。因此，是属于只有一次性的收入，应以每次提供劳务取得的收入为一次。

（2）属于一事项连续取得收入的，以 1 个月内取得的收入为一次。例如，某歌手与卡拉 OK 厅签约，在 1 年内每天到卡拉 OK 厅演唱一次，每次演出后付酬 100 元。在计算其劳务报酬所得时，应视为同一事项的连续性收入，以其 1 个月内取得的收入为一次计征个人所得税，而不能以每天取得的收入为一次。

对劳务报酬所得，其个人所得税应纳税额的计算公式如下：

（1）每次收入不足 4 000 元的：

应纳税额 = 应纳税所得额 × 适用税率

或 =（每次收入额 –800）× 20%

（2）每次收入在 4 000 元以上的：

应纳税额 = 应纳税所得额 × 适用税率

= 每次收入额 ×（1–20%）× 20%

（3）每次收入的应纳税所得额超过 20 000 元的：

应纳税额 = 应纳税所得额 × 适用税率 – 速算扣除数

或　应纳税额 = 每次收入额 ×（1–20%）× 适用税率 – 速算扣除数

劳动报酬所得适用的速算扣除数见表 6–4。

劳务报酬所得适用的速算扣除数表

级数	每次应纳税所得额	税率（%）	速算扣除数（元）
1	不超过 20 000 元的部分	20	0
2	超过 20 000–50 000 元的部分	30	2 000
3	超过 50 000 元的部分	40	7 000

【典型例题 6–14】歌星王某一次取得表演收入 30 000 元。请计算其应纳个人所得税额。

应纳税额 = 每次收入额 ×（1–20%）× 适用税率 – 速算扣除数

=30 000×（1–20%）×30%–2 000

=5 200（元）

如果单位或个人为纳税人代付税款的，应当将单位或个人支付给纳税人的不含税支付额（或称纳税人取得的不含税收入额）换算为应纳税所得额，然后按规定计算应代付的个人所得税款。其计算公式如下：

（1）不含税收入额不超过 3 360 元的：

①应纳税所得额 =（不含税收入额 –800）÷（1– 税率）

②应纳税额 = 应纳税所得额 × 适用税率

（2）不含税收入额超过 3 360 元的：

①应纳税所得额 =［（不含税收入额 – 速算扣除数）×（1–20%）］÷［1– 税率 ×（1–20%）］

或 应纳税所得额 = ［（不含税收入额 – 速算扣除数）×（1–20%）］/ 当级换算系数

②应纳税额 = 应纳税所得额 × 适用税率 – 速算扣除数

上述（1）中的公式①和（2）中的公式①中的税率，是指不含税劳务报酬收入所对应的税率（见表 6–5）；（1）中的公式②和（2）中的公式②中的税率，是指应纳税所得额按含税级距所对应的税率。

表 6–5　不含税劳务报酬收入适用税率表

级数	不含税劳务报酬收入额	税率（%）	速算扣除数（元）	换算系数（%）
1	未超过 3 360 元的部分	20	0	无
2	超过 3 360~21 000 元的部分	20	0	84
3	超过 21 000~49 500 元的部分	30	2 000	76
4	超过 49500 元的部分	40	7 000	68

【典型例题 6-15】高级工程师张华为新城公司进行一项工程设计，按照合同规定，公司应支付张华的劳务报酬 48 000 元，与其报酬相关的个人所得税由公司代付。在不考虑其他税收的情况下，计算公司应代付的个人所得税额。

（1）代付个人所得税的应纳税所得额 =[（48 000−2 000）×（1−20%）]÷76%

=48 421.05（元）

（2）应代付个人所得税 =48 421.05×30%−2 000

=12 526.32（元）

稿酬所得应纳个人所得税的计算

根据税法规定，稿酬所得，每次收入不超过 4 000 元的，减除费用 800 元；4 000 元以上的，减除 20% 的费用，其余额为应纳税所得额。

提示

稿酬所得，以每次出版、发表取得的收入为一次。具体又可细分如下：

（1）同一作品再版取得的所得，应视作另一次稿酬所得计征个人所得税。

（2）同一作品先在报刊上连载，然后再出版，或先出版，再在报刊上连载的，应视为两次稿酬所得征税。即连载作为一次，出版作为另一次。

（3）同一作品在报刊上连载取得收入的，以连载完成后取得的所有收入合并为一次，计征个人所得税。

（4）同一作品在出版和发表时，以预付稿酬或分次支付稿酬等形式取得的稿酬收入，应合并计算为一次。

（5）同一作品出版、发表后，因添加印数而追加稿酬的，应与以前出版、发表时取得的稿酬合并计算为一次，计征个人所得税。

稿酬所得应纳税额的计算公式如下：

（1）每次收入不足 4 000 元的：

应纳税额 = 应纳税所得额 × 适用税率 ×（1–30%）

= （每次收入额 –800）×20%×（1–30%）

（2）每次收入在 4 000 元以上的：

应纳税额 = 应纳税所得额 × 适用税率 ×（1–30%）

= 每次收入额 ×（1–20%）×20%×（1–30%）

【典型例题 6–16】某作家取得一次未扣除个人所得税的稿酬收入 30 000 元，请计算其应缴纳的个人所得税额。

应纳税额 = 应纳税所得额 × 适用税率 ×（1–30%）

=30 000×（1–20%）×20%×（1–30%）

=3 360（元）

第 3 节　纳税申报与账务处理

个人所得税的纳税办法，有自行申报纳税和代扣代缴两种。

自行申报纳税

自行申报纳税，是由纳税人自行在税法规定的纳税期限内，向税务机关申报取得的应税所得项目和数额，如实填写个人所得税纳税申报表，并按照税法规定计算应纳税额，据此缴纳个人所得税的一种方法。

（一）自行申报纳税的纳税义务人

（1）年所得 12 万元以上的。

（2）从中国境内两处或者两处以上取得工资、薪金所得的。

（3）从中国境外取得所得的。

（4）取得应税所得，没有扣缴义务人的。

（5）国务院规定的其他情形。

其中，年所得 12 万元以上的纳税人，无论取得的各项所得是否已足额缴纳了个人所得税，均应当按照本办法的规定，于纳税年度终了后向主管税务机关办理纳税申报；其他情形的纳税人，均应当按照自行申报纳税管理办法的规定，于取得所得后向主管税务机关办理纳税申报。同时需要注意的是，年所得 12 万元以上的纳税人，不包括在中国境内无住所，且在一个纳税年度中在中国境内居住不满 1 年的个人；从中国境外取得所得的纳税人，是指在中国境内有住所，或者无住所而在一个纳税年度中在中国境内居住满 1 年的个人。

（二）自行申报纳税的内容

年所得 12 万元以上的纳税人，在纳税年度终了后，应当填写《个人所得税纳税申报表（适用于年所得 12 万元以上的纳税人申报）》，并在办理纳税申报时报送主管税务机关，同时报送个人有效身份证件复印件，以及主管税务机关要求报送的其他有关资料。

（三）自行申报纳税的申报期限

（1）年所得12万元以上的纳税人，在纳税年度终了后3个月内向主管税务机关办理纳税申报。

（2）个体工商户和个人独资、合伙企业投资者取得的生产、经营所得应纳的税款，分月预缴的，纳税人在每月终了后7日内办理纳税申报；分季预缴的，纳税人在每个季度终了后7日内办理纳税申报；纳税年度终了后，纳税人在3个月内进行汇算清缴。

（3）纳税人年终一次性取得对企事业单位的承包经营、承租经营所得的，自取得所得之日起30日内办理纳税申报；在1个纳税年度内分次取得承包经营、承租经营所得的，在每次取得所得后的次月7日内申报预缴，纳税年度终了后3个月内汇算清缴。

（4）从中国境外取得所得的纳税人，在纳税年度终了后30日内向中国境内主管税务机关办理纳税申报。

（5）除以上规定的情形外，纳税人取得其他各项所得须申报纳税的，在取得所得的次月7日内向主管税务机关办理纳税申报。

（6）纳税人不能按照规定的期限办理纳税申报，需要延期的，按照《税收征管法》第二十七条和《税收征管法实施细则》第三十七条的规定办理。

（四）自行申报纳税的申报地点

（1）在中国境内有任职、受雇单位的，向任职、受雇单位所在地主管税务机关申报。

（2）在中国境内有两处或者两处以上任职、受雇单位的，选择并固定向其中一处单位所在地主管税务机关申报。

（3）在中国境内无任职、受雇单位，年所得项目中有个体工商户的生产、经营所得或者对企事业单位的承包经营、承租经营所得（以下统称生产、经营所得）的，向其中一处实际经营所在地主管税务机关申报。

（4）在中国境内无任职、受雇单位，年所得项目中无生产、经营所得的，向户籍所在地主管税务机关申报。在中国境内有户籍，但户籍所在地与中国境内经常居住地不一致的，选择并固定向其中一地主管税务机关申报。在中国境内没有户籍的，向中国境内经常居住地主管税务机关申报。

（5）其他所得的纳税人，纳税申报地点分别为：

①从两处或者两处以上取得工资、薪金所得的，选择并固定向其中一处单位所在地主管税务机关申报。

②从中国境外取得所得的，向中国境内户籍所在地主管税务机关申报。在中国境内有户籍，但户籍所在地与中国境内经常居住地不一致的，选择并固定向其中一地主管税务机关申报。在中国境内没有户籍的，向中国境内经常居住地主管税务机关申报。

③个体工商户向实际经营所在地主管税务机关申报。

④个人独资、合伙企业投资者兴办两个或两个以上企业的，区分不同情形确定纳税申报地点：

兴办的企业全部是个人独资性质的，分别向各企业的实际经营管理所在地主管税务机关申报；兴办的企业中含有合伙性质的，向经常居住地主管税务机关申报；兴办的企业中含有合伙性质，个人投资者经常居住地与其兴办企业的经营管理所在地不一致的，选择并固定向其参与兴办的某一合伙企业的经营管理所在地主管税务机关申报；除以上情形外，纳税人应当向取得所得所在地主管税务机关申报。

纳税人不得随意变更纳税申报地点，因特殊情况变更纳税申报地点的，须报原主管税务机关备案。

代扣代缴纳税

代扣代缴是指按照税法规定负有扣缴税款义务的单位或者个人，在向个人支付应纳税所得时，应计算应纳税额，从其所得中扣除并缴入国库，同时向税务机关报送扣缴个人所得税报告表。这种方法，有利于控制税源、防止漏税和逃税。

（一）扣缴义务人和代扣代缴的范围

1. 扣缴义务人

凡支付个人应纳税所得的企业（公司）、事业单位、机关、社团组织、军队、驻华机构、个体户等单位或者个人，为个人所得税的扣缴义务人。

这里所说的驻华机构，不包括外同驻华使领馆和联合国及其他依法享有外交特权和豁免的国际组织驻华机构。

2. 代扣代缴的范围

扣缴义务人向个人支付下列所得，应代扣代缴个人所得税：

（1）工资、薪金所得。

（2）对企事业单位的承包经营、承租经营所得。

（3）劳务报酬所得。

（4）稿酬所得。

（5）特许权使用费所得。

（6）利息、股息、红利所得。

（7）财产租赁所得。

（8）财产转让所得。

（9）偶然所得。

（10）经国务院财政部门确定征税的其他所得。

扣缴义务人向个人支付应纳税所得（包括现金、实物和有价证券）时，不论纳税人是否属于本单位人员，均应代扣代缴其应纳的个人所得税款。

这里所说支付，包括现金支付、汇拨支付、转账支付和以有价证券、实物以及其他形式的支付。

（二）代扣代缴期限

扣缴义务人每月所扣的税款，应当在次月7日内缴入国库，并向主管税务机关报送《扣缴个人所得税报告表》、代扣代收税款凭证和包括每一纳税人姓名、单位、职务、收入、税款等内容的支付个人收入明细表以及税务机关要求报送的其他有关资料。

扣缴义务人违反上述规定不报送或者报送虚假纳税资料的，一经查实，其未在支付个人收入明细表中反映的向个人支付的款项，在计算扣缴义务人应纳税所得额时不得作为成本费用扣除。

扣缴义务人因有特殊困难不能按期报送《扣缴个人所得税报告表》及其他有关资料的，经县级税务机关批准，可以延期申报。

个人所得税常见问题提醒

（1）个人所得税扣缴义务人未按规定扣缴税款。

（2）少报、漏报、7错报工资薪金所得，对各种名义奖金、补贴、实物等所得未合并扣缴税款。

（3）对以各种名义报销的应由个人负担的车辆燃油费、保险费、养路费等未并入个人所得计税。

（4）对两处任职人员，从两处以上取得的工资薪金所得未合并纳税。

（5）年收入12万元以上未自行申报。

（6）对利息股息红利所得和工资薪金所得混淆计税。

（7）劳务报酬所得与工资薪金所得混淆计税。

（8）虚增人数分解薪酬，少扣税款。

（9）发放实物礼品未扣税款。

（10）发放数月奖金、年底一次性奖金计算方法不正确，单位负担税款计算方法不正确。

（11）补充养老、补充医疗、补充住房公积金未并入所得。

账务处理

按照我国《个人所得税法》的规定，企业对职工个人应缴纳的个人所得税，实行代扣代缴办法。其账务处理如下：

（1）按规定计算应代扣代交的职工个人所得税：

借：应付职工薪酬

　贷：应交税费——应交个人所得税

（2）缴纳个人所得税：

借：应交税费——应交个人所得税

贷：银行存款

【典型例题 6-17】4 月份，企业根据税法规定计算出来的应代扣代缴的职工个人所得税为 78 600 元。5 月 15 日，企业以银行存款缴纳了上述税款。根据上述经济业务，编制会计分录如下：

（1）按规定计算应代扣代缴的职工个人所得税：

借：应付职工薪酬　　78 600

　贷：应交税费——应交个人所得税　　78 600

（2）缴纳个人所得税：

借：应交税费——应交个人所得税　　78 600

　贷：银行存款　　78 600

SHOU BA SHOU
JIAO NI
ZUO NA SHUI

07
企业所得税

企业所得税是对我国境内的企业和其他取得收入的组织的生产经营所得和其他所得征收的一种税。

企业所得税的计税依据是应纳税所得，它以利润为主要依据，但不是直接意义上的会计利润，更不是收入总额。在计算所得税时，计税依据的计算涉及纳税人的成本、费用、税收激励或限制措施等各个方面，因此所得税计税依据的计算较为复杂。

现行企业所得税法的基本规范，是2007年3月16日第十届全国人民代表大会第五次全体会议通过的《中华人民共和国企业所得税法》和2007年11月28日国务院第197次常务会议通过的《中华人民共和国企业所得税法实施条例》。

第 1 节　企业所得税概述

企业所得税是大多数企业的财务人员都必须了解的税种之一。无论当期是否获得利润，都应按照税法规定申报缴纳企业所得税。

纳税义务人

企业所得税的纳税义务人，是指在中华人民共和国境内的企业和其他取得收入的组织。《中华人民共和国企业所得税法》第一条规定，除个人独资企业、合伙企业不适用企业所得税法外，凡在我国境内，企业和其他取得收入的组织（以下统称企业）为企业所得税的纳税人，依照本法规定缴纳企业所得税。

提示

（1）取得收入的组织也要缴纳企业所得税，包括依法注册、登记的事业单位和社会团体。

（2）个人独资企业、合伙企业不适用企业所得税法。

按纳税义务人纳税义务不同，企业所得税的纳税人分为居民企业和非居民企业。把企业分为居民企业和非居民企业，是为了更好地保障我国税收管辖权的有效行使。税收管辖权是一国政府在征税方面的主权，是国家主权的重要组成部分。根据国际上的通行做法，我国选择了地域管辖权和居民管辖权的双重管辖权标准，最大限度地维护我国的税收利益。

（一）居民企业

居民企业是指依法在中国境内成立，或者依照外国（地区）法律成立但实际管理机构在中国境内的企业。其中，实际管理机构是指对企业的生产经营、人员、账务、财产等实施实质性全面管理和控制的机构。

（二）非居民企业

非居民企业是指依照外国（地区）法律成立且实际管理机构不在中国境内，但在中国境内设立机构、场所的，或者在中国境内未设立机构、场所，但有来源于中国境内所得的企业。

非居民企业委托营业代理人在中国境内从事生产经营活动的，包括委托单位或者个人经常代其签订合同，或者储存、交付货物等，该营业代理人视为非居民企业在中国境内设立的机构、场所。

征税对象

企业所得税的征税对象是指企业的生产经营所得、其他所得和清算所得。

（一）居民企业的征税对象

居民企业应就来源于中国境内、境外的所得作为征税对象。所得包括销售货物所得、提供劳务所得、转让财产所得、股息红利等权益性投资所得、利息所得、租金所得、特许权使用费所得、接受捐赠所得和其他所得。

（二）非居民企业的征税对象

非居民企业在中国境内设立机构、场所的，应当就其所设机构、场所取得的来源于中国境内的所得，以及发生在中国境外但与其所设机构、场所有实际联系的所得，缴纳企业所得税。

非居民企业在中国境内未设立机构、场所的，或者虽设立机构、场所但取得的所得与其所设机构、场所没有实际联系的，应当就其来源于中国境内的所得缴纳企业所得税。

上述所称“实际联系”，是指非居民企业在中国境内设立的机构、场所拥有的据以取得所得的股权、债权，以及拥有、管理、控制据以取得所得的财产。

所得来源的确定如图 7-1 所示。

所得来源的确定

1. 销售货物所得，按照交易活动发生地确定
2. 提供劳务所得，按照劳务发生地确定
3. 转让财产所得
   （1）不动产转让所得按照不动产所在地确定
   （2）动产转让所得按照转让动产的企业或者机构、场所所在地确定
   权益性投资资产转让所得按照被投资企业所在地确定
4. 股息、红利等权益性投资所得，按照分配所得的企业所在地确定
5. 利息所得、租金所得、特许权使用费所得，按照负担、支付所得的企业或者机构、场所所在地确定，或者按照负担、支付所得的个人的住所地确定
6. 其他所得，由国务院财政、税务主管部门确定

图 7–1　所得来源的确定

【典型例题 7–1】某日本企业（实际管理机构不在中国境内）在中国境内设立分支机构,2013 年该机构在中国境内取得咨询收入 500 万元，在中国境内培训技术人员，取得日方支付的培训收入 200 万元，在中国香港取得与该分支机构无实际联系的所得 80 万元。该企业 2013 年度该境内机构企业所得税的应纳税收入总额是多少?

非居民企业在中国境内设立机构、场所的，应当就其所设机构、场所取得的来源于中国境内的所得，以及发生在中国境外但与其所设机构、场所有实际联系的所得，缴纳企业所得税。据此，该日本企业来自境内所得是 500 万元的咨询收入和境内培训收入 200 万元，合计为 700 万元;中国香港在税法上不属于境内，从中国香港取得的所得和境内机构无关，所以不属于境内应税收入。

税率

根据我国《企业所得税法》的规定，我国企业所得税实行比例税率，其基本税率为 25%，另外还设置有 20% 的低税率和 15%、10% 的优惠税

率（见表 7–1）。

表 7–1 企业所得税税率表

类别	适用范围	税率（%）
基本税率	居民企业	25
	在中国境内设有机构、场所且所得与机构、场所有关联的非居民企业。	
低税率	（1）非居民企业在中国境内未设立机构、场所的，其来源于中国境内的所得 （2）非居民企业虽设立机构、场所但取得的所得与其所设机构、场所没有实际联系的，其来源于中国境内的所得	20（实际 10%）
低税率	符合条件的小型微利企业	20
优惠税率	国家需要重点扶持的高新技术企业	15

第 2 节　应纳税所得额的计算

应纳税所得额是企业所得税的计税依据。按照我国企业所得税法的规定，应纳税所得额为企业每一个纳税年度的收入总额，减除不征税收入、免税收入、各项扣除以及允许弥补的以前年度亏损后的余额。

应纳税所得额 = 收入总额 – 不征税收入 – 免税收入 – 各项扣除 – 以前年度亏损

企业应纳税所得额的计算以权责发生制为原则，属于当期的收入和费用，不论款项是否收付，均作为当期的收入和费用；不属于当期的收入和费用，即使款项已经在当期收付，均不作为当期的收入和费用。

收入总额

根据《企业所得税法》的规定，企业的收入总额包括以货币形式和非货币形式从各种来源取得的收入，具体包括：销售货物收入，提供劳务收入，转让财产收入，股息、红利等权益性投资收益，利息收入，租金收入，特许权使用费收入，接受捐赠收入，其他收入。

提示

企业取得收入的货币形式，包括现金、存款、应收账款、应收票据、准备持有至到期的债券投资以及债务的豁免等。

纳税人以非货币形式取得的收入，包括固定资产、生物资产、无形资产、股权投资、存货、不准备持有至到期的债券投资、劳务以及有关权益等，这些非货币资产应当按照公允价值确定收入额，公允价值是指按照市场价格确定的价值。

（一）一般收入的确认

（1）销售货物收入，是指企业销售商品、产品、原材料、包装物、低值易耗品以及其他存货取得的收入。

（2）劳务收入，是指企业从事建筑安装、修理修配、交通运输、仓储租赁、金融保险、邮电通信、咨询经纪、文化体育、科学研究、技术服务、教育培训、餐饮住宿、中介代理、卫生保健、社区服务、旅游、娱乐、加工以及其他劳务服务活动取得的收入。

（3）转让财产收入，是指企业转让固定资产、生物资产、无形资产、股权、债权等财产取得的收入。

提示

企业转让股权收入，应于转让协议生效、且完成股权变更手续时，确认收入的实现。

转让股权收入扣除为取得该股权所发生的成本后，为股权转让所得。股权转让所得 = 转让股权收入 – 股权成本

企业在计算股权转让所得时，不得扣除被投资企业未分配利润等股东留存收益中按该项股权所可能分配的金额。

（4）股息、红利等权益性投资收益，是指企业因权益性投资从被投资方取得的收入。

提示

股息、红利等权益性投资收益，除国务院财政、税务主管部门另有规定外，按照被投资方做出利润分配决定的日期确认收入的实现。

被投资企业将股权（票）溢价所形成的资本公积转为股本的，不作为投资方企业的股息、红利收入，投资方企业也不得增加该项长期投资的计税基础。

（5）利息收入，是指企业将资金提供他人使用但不构成权益性投资，或者因他人占用本企业资金取得的收入，包括存款利息、贷款利息、债券利息、欠款利息等收入。

提示

利息收入，按照合同约定的债务人应付利息的日期确认收入的实现。

（6）租金收入，是指企业提供固定资产、包装物或者其他有形资产的使用权取得的收入。

提示

租金收入，按照合同约定的承租人应付租金的日期确认收入的实现。其中，如果合同或协议中规定租赁期限跨年度，且租金提前一次性支付的，根据《实施条例》第九条规定的收入与费用配比原则，出租人可对上述已确认的收入，在租赁期内，分期均匀计入相关年度收入。

（7）特许权使用费收入，是指企业提供专利权、非专利技术、商标权、著作权以及其他特许权的使用权取得的收入。

提示

特许权使用费收入，按照合同约定的特许权使用人应付特许权使用费的日期确认收入的实现。

（8）接受捐赠收入，是指企业接受的来自其他企业、组织或者个人无偿给予的货币性资产、非货币性资产。

提示

接受捐赠收入，按照实际收到捐赠资产的日期确认收入的实现。

（9）其他收入，是指企业取得的除以上收入外的其他收入，包括企业资产溢余收入、逾期未退包装物押金收入、确实无法偿付的应付款项、已作坏账损失处理后又收回的应收款项、债务重组收入、补贴收入、违约金收入、汇兑收益等。

提示：特殊收入的确认

①以分期收款方式销售货物的，按照合同约定的收款日期确认收入的实现。

②企业受托加工制造大型机械设备、船舶、飞机，以及从事建筑、安装、装配工程业务或者提供其他劳务等，持续时间超过12个月的，按照纳税年度内完工进度或者完成的工作量确认收入的实现。

③采取产品分成方式取得收入的，按照企业分得产品的日期确认收入的实现，其收入额按照产品的公允价值确定。

④企业发生非货币性资产交换，以及将货物、财产、劳务用于捐赠、偿债、赞助、集资、广告、样品、职工福利或者利润分配等用途的，应当视同销售货物、转让财产或者提供劳务，但国务院财政、税务主管部门另有规定的除外。

（二）处置资产收入的确认

（1）企业发生下列情形的处置资产，除将资产转移至境外以外，由于资产所有权属在形式和实质上均不发生改变，可作为内部处置资产，不视同销售确认收入，相关资产的计税基础延续计算。

①将资产用于生产、制造、加工另一产品。

②改变资产形状、结构或性能。

③改变资产用途（如自建商品房转为自用或经营）

④将资产在总机构及其分支机构之间转移。

⑤上述两种或两种以上情形的混合。

⑥其他不改变资产所有权属的用途。

处置资产收入的确认如表 7–2 所示。

表 7–2　处置资产收入的确认

内部处置资产，不视同销售确认收入	不属于内部处置资产，按规定视同销售确定收入
（1）将资产用于生产、制造、加工另一产品 （2）改变资产形状、结构或性能 （3）改变资产用途（如自建商品房转为自用或经营） （4）将资产在总机构及其分支机构之间转移 （5）上述两种或两种以上情形的混合 （6）其他不改变资产所有权属的用途	（1）用于市场推广或销售 （2）用于交际应酬 （3）用于职工奖励或福利 （4）用于股息分配 （5）用于对外捐赠 （6）其他改变资产所有权属的用途

说明：

1. 区分的关键看资产所有权属在形式和实质上是否发生改变；

2. 视同销售在确认收入时：属于企业自制的资产，应按企业同类资产同期对外销售价格确定销售收入；属于外购的资产，不以销售为目的，具有代替职工福利等费用支出性质，且购买后在一个纳税年度内处置的，可按购入时的价格确定销售收入。

3. 注意和增值税的区分。

（2）企业将资产移送他人的下列情形，因资产所有权属已发生改变而不属于内部处置资产，应按规定视同销售确定收入。

①用于市场推广或销售。

②用于交际应酬。

③用于职工奖励或福利。

④用于股息分配。

⑤用于对外捐赠。

⑥其他改变资产所有权属的用途。

企业发生上述规定情形时，属于企业自制的资产，应按企业同类资产同期对外销售价格确定销售收入；属于外购的资产，可按购入时的价格确定销售收入（见表 7–3）。

表 7–3 视同销售收入对比

项目		会计收入确认	增值税	所得税
统一核算，异地移送		×	√	×
非应税项目	自产、委托加工	×	√	×
	外购	×	×	×
职工奖励或福利	自产、委托加工	√	√	√
	外购	×	×	√
投资（自产、委托加工、外购）		√	√	√
分配（自产、委托加工、外购）		√	√	√
赠送（自产、委托加工、外购）		×	√	√

（三）相关收入实现的确认

企业销售收入的确认，必须遵循权责发生制原则和实质重于形式原则。

第一，企业销售商品同时满足下列条件的，应确认收入的实现：

（1）商品销售合同已签订，企业已将商品所有权相关的主要风险和报酬转移给购货方。

（2）企业对已售出的商品既没有保留通常与所有权相联系的继续管理权，也没有实施有效控制。

（3）收入的金额能够可靠地计量。

（4）已发生或将发生的销售方的成本能够可靠地核算。

第二，符合上款收入确认条件，采取下列商品销售方式的，应按以下规定确认收入实现时间：

（1）销售商品采取托收承付方式的，在办妥托收手续时确认收入。

（2）销售商品采取预收款方式的，在发出商品时确认收入。

（3）销售商品需要安装和检验的，在购买方接受商品以及安装和检验完毕时确认收入。如果安装程序比较简单，可在发出商品时确认收入。

（4）销售商品采用支付手续费方式委托代销的，在收到代销清单时确认收入。

表 7–4　收入实现时间的确认

1. 托收承付方式	办妥托收手续时
2. 预收款方式	发出商品时
3. 需要安装和检验	购买方接受商品及安装和检验完毕时
4. 如安装程序比较简单	发出商品时
5. 支付手续费方式委托代销	收到代销清单时

第三，采用售后回购方式销售商品的，销售的商品按售价确认收入，回购的商品作为购进商品处理。有证据表明不符合销售收入确认条件的，如以销售商品方式进行融资，收到的款项应确认为负债，回购价格大于原售价的，差额应在回购期间确认为利息费用。

第四，销售商品以旧换新的，销售商品应当按照销售商品收入确认条件确认收入，回收的商品作为购进商品处理。

第五，企业为促进商品销售，在商品价格上给予的价格扣除属于商业折扣，商品销售涉及商业折扣的，应当按照扣除商业折扣后的金额确定销售商品收入金额。

债权人为鼓励债务人在规定的期限内付款而向债务人提供的债务扣除属于现金折扣，销售商品涉及现金折扣的，应当按扣除现金折扣前的金额确定销售商品收入金额，现金折扣在实际发生时作为财务费用扣除。

企业因售出商品的质量不合格等原因而在售价上给予的减让属于销售折让；企业因售出商品质量、品种不符合要求等原因而发生的退货属于销售退回。企业已经确认销售收入的售出商品发生销售折让和销售退回，应当在发生当期冲减当期销售商品收入。

第六，企业在各个纳税期末，提供劳务交易的结果能够可靠估计的，应采用完工进度（完工百分比）法确认提供劳务收入。

（1）提供劳务交易的结果能够可靠估计，是指同时满足下列条件：

①收入的金额能够可靠地计量。

②交易的完工进度能够可靠地确定。

③交易中已发生和将发生的成本能够可靠地核算。

（2）企业提供劳务完工进度的确定，可选用下列方法：

①已完工作的测量。

②已提供劳务占劳务总量的比例。

③发生成本占总成本的比例。

（3）企业应按照从接受劳务方已收或应收的合同或协议价款确定劳务收入总额，根据纳税期末提供劳务收入总额乘以完工进度扣除以前纳税年度累计已确认提供劳务收入后的金额，确认为当期劳务收入；同时，按照提供劳务估计总成本乘以完工进度扣除以前纳税期间累计已确认劳务成本后的金额，结转为当期劳务成本。

（4）下列提供劳务满足收入确认条件的，应按规定确认收入：

①安装费。应根据安装完工进度确认收入。安装工作是商品销售附带条件的，安装费在确认商品销售实现时确认收入。

②宣传媒介的收费。应在相关广告或商业行为出现于公众面前时确认收入。广告的制作费，应根据制作广告的完工进度确认收入。

③软件费。为特定客户开发软件的收费，应根据开发的完工进度确认收入。

④服务费。包含在商品售价内可区分的服务费，在提供服务的期间分期确认收入。

⑤艺术表演、招待宴会和其他特殊活动的收费。在相关活动发生时确认收入。收费涉及几项活动的，预收的款项应合理分配给每项活动，分别确认收入。

⑥会员费。申请入会或加人会员，只允许取得会籍，所有其他服务或商品都要另行收费的，在取得该会员费时确认收入。申请入会或加入会员后，会员在会员期内不再付费就可得到各种服务或商品，或者以低于非会员的价格销售商品或提供服务的，该会员费应在整个受益期内分期确认收入。

⑦特许权费。属于提供设备和其他有形资产的特许权费，在交付资产或转移资产所有权时确认收入；属于提供初始及后续服务的特许权费，在提供服务时确认收入。

⑧劳务费。长期为客户提供重复的劳务收取的劳务费，在相关劳务

活动发生时确认收入。

第七，企业以买一赠一等方式组合销售本企业商品的，不属于捐赠，应将总的销售金额按各项商品的公允价值的比例来分摊确认各项的销售收入。

【典型例题 7–2】某商场实行促销活动：买一台冰箱送一台吸尘器，正常销售价格分别是 5 000 元和 1 000 元（均为不含税价格），成本分别为 2 000 元和 400 元。

冰箱收入 =5 000×5 000÷（5 000+1 000）

=4 166.67（元）

吸尘器收入 =1 000×5 000÷（5 000+1 000）

=833.33（元）

第八，企业取得财产（包括各类资产、股权、债权等）转让收入、债务重组收入、接受捐赠收入、无法偿付的应付款收入等，不论是以货币形式、还是非货币形式体现，除另有规定外，均应一次性计入确认收入的年度计算缴纳企业所得税。

不征税收入和免税收入

企业所得税法首次在我国法律上确立了“不征税收入”的概念，是企业所得税法的一大制度创新。不征税收入，指从性质和根源上不属于企业营利性活动带来的经济利益、不负有纳税义务并不作为应纳税所得额组成部分的收入。

免税收入和不征税收入的区别如图 7–2 所示。

免税收入和不征税收入的区别

- 免税收入，是指企业应纳税所得额免予征收企业所得税的收入。免税收入是一个税收优惠概念，是国家为了实现某些经济和社会目标，在特定时期或者对特定项目取得的经济利益给予的税收优惠范畴
- 不征税收入，是指不列入企业所得税征税范围的收入。列入不征税收入的项目一般不属于营利性活动带来的经济利益，是专门从事特定目的的收入，对这些收入纳税对国家来说没有任何意义，从企业所得税原理上来说属不列为征税范围的收入范畴。

图 7-2　免税收入和不征税收入的区别

（一）不征税收入

不征税收入，是指不列入企业所得税征税范围的收入。《企业所得税法》第七条规定，收入总额中的下列收入为不征税收入：财政拨款；依法收取并纳入财政管理的行政事业性收费、政府性基金；国务院规定的其他不征税收入。

《企业所得税法实施条例》第二十六条规定：《企业所得税法》第七条第（三）项所称国务院规定的其他不征税收入，是指企业取得的，由国务院财政、税务主管部门规定专项用途并经国务院批准的财政性资金。**财政性资金是指企业取得的来源于政府及其有关部门的财政补助、补贴、贷款贴息，以及其他各类财政专项资金，包括直接减免的增值税和即征即退、先征后退、先征后返的各种税收，但不包括企业按规定取得的出口退税款。**

提示

（1）企业按照规定缴纳的、由国务院或财政部批准设立的政府性基金以及由国务院和省、自治区、直辖市人民政府及其财政、价格主管部门批准设立的行政事业性收费，准予在计算

应纳税所得额时扣除。企业缴纳的不符合上述审批管理权限设立的基金、收费，不得在计算应纳税所得额时扣除。

（2）企业收取的各种基金、收费，应计入企业当年收入总额。

（3）对企业依照法律、法规及国务院有关规定收取并上缴财政的政府性基金和行政事业性收费，准予作为不征税收入，于上缴财政的当年在计算应纳税所得额时从收入总额中减除；未上缴财政的部分，不得从收入总额中减除。

（二）免税收入

免税收入是指企业应纳税所得额免予征收企业所得税的收入。按照《企业所得税法》的规定，企业的免税收入包括：国债利息收入；符合条件的居民企业之间的股息、红利等权益性投资收益；在中国境内设立机构、场所的非居民企业从居民企业取得与该机构、场所有实际联系的股息、红利等权益性投资收益；符合条件的非营利组织的收入（见图7–3）。

免税收入
- 国债利息收入
- 符合条件的居民企业之间的股息、红利等权益性投资收益
- 在中国境内设立机构、场所的非居民企业从居民企业取得与该机构、场所有实际联系的股息、红利等权益性投资收益
- 符合条件的非营利组织的收入

图7–3　免税收入

扣除项目及其标准

正确计算扣除项目及其金额，是正确计算企业所得税的基础。在申

报缴纳企业所得税时，企业申报的扣除项目和金额要真实、合法。所称“真实”，是指能提供证明有关支出确实已经实际发生；所称“合法”，是指符合国家税法的规定，若其他法规规定与税收法规规定不一致，应以税收法规的规定为标准。

企业所得税法规定，企业实际发生的与取得收入有关的、合理的支出，包括成本、费用，税金、损失和其他支出，准予在计算应纳税所得额时扣除。

提示

企业发生的支出应当区分收益性支出和资本性支出。收益性支出在发生当期直接扣除；资本性支出应当分期扣除或者计入有关资产成本，不得在发生当期直接扣除。

（一）工资、薪金支出

企业发生的合理的工资、薪金支出，准予扣除。所称“工资、薪金支出”，是指企业每一纳税年度支付给在本企业任职或者受雇的员工的所有现金形式或者非现金形式的劳动报酬，包括基本工资、奖金、津贴、补贴、年终加薪、加班工资，以及与员工任职或者受雇有关的其他支出。

提示

（1）必须是实际发生的工资、薪金支出。企业税前扣除项目的工资、薪金支出，是企业已经实际支付给其职工的那部分工资、薪金支出，对尚未支付的工资、薪金支出。不得在未支付的这个纳税年度内扣除，只有实际发生后，才准予税前扣除。

（2）工资、薪金的发放对象是在本企业任职或者受雇的所有员工，包括全职、兼职和临时职工。

（3）工资、薪金的标准应该限于合理的范围和幅度。合理的工资、薪金，是指企业按照股东大会、董事会、薪酬委员会或相关管理机构制订的工资薪金制度规定实际发放给员工的工资薪金。属于国有性质的企业，其工资薪金，不得超过政府有关部门给予的限定数额；超过部分，不得计入企业工资薪金总额，也不得在计算企业应纳税所得额时扣除。

（4）工资、薪金的表现形式包括所有现金和非现金形式。

（5）企业因雇佣季节工、临时工、实习生、返聘离退休人员以及接受外部劳务派遣用工所实际发生的费用，应区分为工资、薪金支出和职工福利费支出，并按《企业所得税法》规定在企业所得税前扣除。其中属于工资、薪金支出的，准予计入企业工资薪金总额的基数，作为计算其他各项相关税费扣除的依据。

（二）职工福利费、工会经费、职工教育经费

企业发生的职工福利费、工会经费、职工教育经费按标准扣除，未超过标准的按实际数扣除，超过标准的只能按标准扣除。企业职工福利费，包括以下内容：

①尚未实行分离办社会职能的企业，其内设福利部门所发生的设备、设施和人员费用，包括职工食堂、职工浴室、理发室、医务所、托儿所、疗养院等集体福利部门的设备、设施及维修保养费用和福利部门工作人员的工资薪金、社会保险费、住房公积金、劳务费等。

②为职工卫生保健、生活、住房、交通等所发放的各项补贴和非货币性福利，包括企业向职工发放的因公外地就医费用、未实行医疗统筹企业职工医疗费用、职工供养直系亲属医疗补贴、供暖费补贴、职工防暑降温费、职工困难补贴、救济费、职工食堂经费补贴、职工交通补贴等。

③按照其他规定发生的其他职工福利费，包括丧葬补助费、抚恤费、安家费、探亲假路费等。

提示

（1）企业发生的职工福利费支出，不超过工资、薪金总额14%的部分准予扣除。

（2）企业拨缴的工会经费，不超过工资、薪金总额2%的部分准予扣除。企业拨缴的职工工会经费，不超过工资、薪金总额2%的部分，凭工会组织开具的《工会经费收入专用收据》在企业所得税税前扣除。在委托税务机关代收工会经费的地区，企业拨缴的工会经费，也可凭合法、有效的工会经费代收凭据依法在税前扣除。

（3）除国务院财政、税务主管部门另有规定外，企业发生的职工教育经费支出，不超过工资、薪金总额2.5%的部分准予扣除，超过部分准予结转以后纳税年度扣除。

【典型例题7–3】某企业2013年已计入成本、费用中的全年实发工资总额为400万元（属于合理限度的范围），实际发生的职工工会经费为6万元、职工福利费为60万元、职工教育经费为15万元。请计算企业“三项经费”的纳税调整金额。

（1）允许扣除的工会经费限额=400×2%=8（万元）

实际发生6万元，因此按发生额扣除，不需要调整。

（2）允许扣除的职工福利费限额=400×14%=56（万元）

实际发生额60万元，超标，调增4万元。

（3）允许扣除的职工教育经费限额=400×2.5%=10（万元）

实际发生额15万元，超标，调增5万元。

（三）社会保险费

企业依照国务院有关主管部门或者省级人民政府规定的范围和标准为职工缴纳的五险一金，即基本养老保险费、基本医疗保险费、失业保险费、工伤保险费、生育保险费等基本社会保险费和住房公积金，准予扣除。

提示

（1）企业为投资者或者职工支付的补充养老保险费、补充医疗保险费，在国务院财政、税务主管部门规定的范围和标准内，准予扣除。超过的部分，不予扣除。

（2）企业依照国家有关规定为特殊工种职工支付的人身安全保险费和符合国务院财政、税务主管部门规定可以扣除的商业保险费准予扣除。

（3）企业参加财产保险，按照规定缴纳的保险费，准予扣除。企业为投资者或者职工支付的商业保险费，不得扣除。

（四）利息费用

（1）企业向金融企业（包括小额贷款公司）借款的利息支出可以税

前扣除。

（2）企业向非金融企业及个人借款的利息支出，凭合法凭证，其利息支出在不超过按照金融企业同期同类贷款利率计算的数额的部分，准予扣除。

（3）企业向股东或其他与企业有关联关系的自然人借款的利息支出，按其关联方债权性投资与其权益性投资比例（金融企业为5∶1；其他企业为2∶1）计算的部分，准予扣除。超过的部分不得在发生当期和以后年度扣除。

【典型例题7-4】某企业2013年“财务费用”科目列支350万元，其中：4月1日，向银行借款500万元用于厂房扩建，借款期限1年，当年向银行支付了3个季度的借款利息22.5万元，该厂房8月31日竣工结算并交付使用。6月1日，为弥补流动资金不足，经批准向其他企业融资100万元，借款期限1年，年利率12%，按月付息，本年实际支付利息7万元。请问该企业所得税允许扣除的财务费用是多少？

1年期银行利率＝（22.5÷3×4）÷500×100%

＝6%

允许扣除的财务费用＝［350－（22.5+7）］+22.5÷9×4+100×6%÷12×7

＝334（万元）

（五）借款费用

（1）企业在生产经营活动中发生的合理的不需要资本化的借款费用，准予扣除。

（2）企业为购置、建造固定资产、无形资产和经过12个月以上的建造才能达到预定可销售状态的存货发生借款的，在有关资产购置、建造期间发生的合理的借款费用，应予以资本化，作为资本性支出计入有关资产的成本；有关资产交付使用后发生的借款利息，可在发生当期扣除。

（3）企业通过发行债券、取得贷款、吸收保护储金等方式融资而发生的合理的费用支出，符合资本化条件的，应计入相关资本成本。不符合资本化条件的，应作为财务费用，准予在企业所得税前据实扣除。

（六）汇兑损失

企业在货币交易中，以及纳税年度终了时将人民币以外的货币性资产、负债按照期末即期人民币汇率中间价折算为人民币时产生的汇兑损失，除已经计入有关资产成本以及与向所有者进行利润分配相关的部分外，准予扣除。

（七）业务招待费

企业发生的与生产经营活动有关的业务招待费支出，按照发生额的60%扣除，但最高不得超过当年销售（营业）收入的5‰。

提示

简单来说，关于业务招待费的税前扣除依据的是“孰低原则，两个标准，哪个低就扣除哪个”。其中两个标准分别如下：第一个标准是业务招待费实际发生额的60%；第二个标准就是当年销售（营业）收入的5‰。

【**典型例题 7-5**】某企业 2013 年全年销售收入为 2 000 万元，业

务招待费为30万元。那么，这个企业2013年可以作为成本费用扣除的业务招待费是多少呢？

首先，先按业务招待费发生额的60%计算，30万元的60%就是18万元。

其次，按当年销售收入的5‰计算，2 000万元的5‰就是10万元。

最后，比较两者孰高孰低，以较少的那个数字为扣除标准。因此，企业2013年可以作为成本费用扣除的业务招待费是10万元。需要调增应纳税所得额为20万元（30–10）。

【典型例题7–6】某企业2013年的业务招待费是15万元，销售收入是3 000万元，那可以作为成本费用扣除的业务招待费又是多少呢？

首先，先按业务招待费发生额的60%计算，15万元的60%就是9万元。

其次，按当年销售收入的5‰计算，3 000万元的5‰就是15万元。

最后，比较两者孰高孰低，以较少的那个数字为扣除标准。因此，企业2013年可以作为成本费用扣除的业务招待费是9万元。需要调增应纳税所得额为6万元（15–9）。

对从事股权投资业务的企业（包括集团公司总部、创业投资企业等），其从被投资企业所分配的股息、红利以及股权转让收入，可以按规定的比例计算业务招待费扣除限额。

企业在筹建期间，发生的与筹办活动有关的业务招待费支出，可按实际发生额的60%计入企业筹办费，并按有关规定在税前扣除。

应税收入与业务招待费等费用计提基数的关系如表7–5所示。

表 7-5　应税收入与业务招待费等费用计提基数的关系

<table>
<tr><td rowspan="11">可以作为计算费用扣除基数的收入</td><td rowspan="8">营业收入</td><td rowspan="4">主营业务收入</td><td>销售货物</td></tr>
<tr><td>提供劳务</td></tr>
<tr><td>让渡资产使用权</td></tr>
<tr><td>建造合同</td></tr>
<tr><td rowspan="4">其他业务收入</td><td>材料销售收入</td></tr>
<tr><td>代购代销手续费收入</td></tr>
<tr><td>包装物出租收入</td></tr>
<tr><td>其他</td></tr>
<tr><td rowspan="3">视同销售收入</td><td colspan="2">非货币性交易视同销售收入</td></tr>
<tr><td colspan="2">货物、财产、劳务视同销售收入</td></tr>
<tr><td colspan="2">其他视同销售收入</td></tr>
<tr><td rowspan="4">不作为计算费用扣除基数的收入</td><td colspan="3">固定资产盘盈、处置固定资产净收益、出售无形资产收益</td></tr>
<tr><td colspan="3">非货币性资产交易收益、债务重组收益</td></tr>
<tr><td colspan="3">罚款净收入、捐赠收入、政府补助收入</td></tr>
<tr><td colspan="3">其他（营业外收入核算的、上述未列举的营业外收入）</td></tr>
</table>

（八）广告费和业务宣传费

企业发生的符合条件的广告费和业务宣传费支出，除国务院财政、税务主管部门另有规定外，不超过当年销售（营业）收入 15% 的部分，准予扣除；超过部分，准予结转以后纳税年度扣除。

【典型例题 7-7】某企业 2013 年的广告费和业务宣传费支出为 200 万元，销售（营业）收入为 1 000 万元，那可以作为成本费用扣除的广告费和业务宣传费支出是多少呢？

准予扣除的广告费和业务宣传费支出＝当年销售（营业）收入 ×15%

=1 000×15%

=150（万元）

需要调增应纳税所得额 =200–150

=50（万元）

也就是说，企业本年可以在税前扣除的广告费和业务宣传费支出是150万元，需要调增应纳税所得额50万元。尚未扣除的这50万元，可以在以后纳税年度扣除。

企业在筹建期间，发生的广告费与业务宣传费，可按实际发生额计入企业筹办费，并按上述规定在税前扣除。

企业申报扣除的广告费支出应与赞助支出严格区分。企业申报扣除的广告费支出，必须符合下列条件：广告是通过工商部门批准的专门机构制作的；已实际支付费用，并已取得相应发票；通过一定的媒体传播。

【典型例题 7–8】2013年某居民企业实现商品销售收入2 000万元，发生现金折扣100万元，接受捐赠收入100万元，转让无形资产所有权收入20万元。该企业当年实际发生业务招待费30万元，广告费240万元，业务宣传费80万元。2013年度该企业可税前扣除的业务招待费、广告费和业务宣传费分别为多少？

解析：销售商品涉及现金折扣的，应当按扣除现金折扣前的金额确定销售商品收入金额。

业务招待费扣除限额计算如下：

2 000×0.5%=10（万元）

30×60%=18（万元）

应按10万元扣除。

广告费和业务宣传费扣除限额计算如下：

2 000 × 15%=300（万元）

小于实际发生额 320 万元（240+80），按 300 万元扣除。

（九）环境保护专项资金

企业依照法律、行政法规有关规定提取的用于环境保护、生态恢复等方面的专项资金，准予扣除。上述专项资金提取后改变用途的，不得扣除。

（十）保险费

企业参加财产保险，按照规定缴纳的保险费，准予扣除。

（十一）租赁费

企业根据生产经营活动的需要租入固定资产支付的租赁费，按照以下方法扣除：

（1）以经营租赁方式租人固定资产发生的租赁费支出，按照租赁期限均匀扣除。经营性租赁是指所有权不转移的租赁。

（2）以融资租赁方式租人固定资产发生的租赁费支出，按照规定构成融资租人固定资产价值的部分应当提取折旧费用，分期扣除。融资租赁是指在实质上转移与一项资产所有权有关的全部风险和报酬的一种租赁。

（十二）劳动保护费

企业发生的合理的劳动保护支出，推予扣除。自 2011 年 7 月 1 日起，企业根据其工作性质和特点，由企业统一制作并要求员工工作时统一着装所发生的工作服饰费用，根据《实施条例》第二十七条的规定，可以作为企业合理的支出给予税前扣除。

（十三）公益性捐赠支出

公益性捐赠是指企业通过公益性社会团体或者县级（含县级）以上人民政府及其部门，用于《中华人民共和国公益事业捐赠法》规定的公益事业的捐赠。

企业发生的公益性捐赠支出，不超过年度利润总额12%的部分，准予扣除。年度利润总额是指企业依照国家统一会计制度的规定计算的年度会计利润。

【典型例题7–9】某企业2012年利润总额为100万元，当年发生的公益性捐赠支出为20万元。那么，在计算企业所得税的应纳税所得额时，可以扣除的公益性捐赠支出是多少呢？

准予扣除的公益性捐赠支出 = 年度利润总额 ×12%

=100×12%

=12（万元）

需要调增应纳税所得额 =20–12

=8（万元）

也就是说，只有12万元的公益性捐赠支出可以扣除，其余的8万元在计算企业所得税时，是不能扣除的。

【典型例题7–10】某企业将成本为100万元的资产货物对外捐赠，该产品的市场价格为200万元。假设当年该企业的会计利润为1 000万元。对于该部分企业所得税的处理要分两部分进行：

第一步：企业所得税：视同销售收入200万元，成本100万元（注意

200 万元可以作为计提广告费和招待费基数）

增值税：200×17%。

会计处理：不确认收入，会形成税会差异，作纳税调整增加处理。

第二步：要按捐赠的处理原则进行处理。

捐赠成本 =100+200×17%=134（万元）

税法允许扣除的捐赠支出 =1 000×12%=120（万元）

纳税调整增加 14 万元。

（十四）有关资产的费用

企业转让各类固定资产发生的费用，允许扣除。企业按规定计算的固定资产折旧费、无形资产和递延资产的摊销费，准予扣除。

（十五）总机构分摊的费用

非居民企业在中国境内设立的机构、场所，就其中国境外总机构发生的与该机构、场所生产经营有关的费用，能够提供总机构出具的费用汇集范围、定额、分配依据和方法等证明文件，并合理分摊的，准予扣除。

（十六）资产损失

企业当期发生的固定资产和流动资产盘亏、毁损净损失，由其提供清查盘存资料经主管税务机关审核后，准予扣除。

（十七）手续费及佣金支出

（1）企业发生的与生产经营有关的手续费及佣金支出，不超过以下规定计算限额以内的部分，准予扣除；超过部分，不得扣除。

①保险企业：财产保险企业按当年全部保费收入扣除退保金等后余额的15%（含本数，下同）计算限额；人身保险企业按当年全部保费收入扣除退保金等后余额的10%计算限额。

②其他企业：按与具有合法经营资格中介服务机构或个人（不含交易双方及其雇员、代理人和代表人等）所签订服务协议或合同确认的收入金额的5%计算限额。

（2）企业应与具有合法经营资格中介服务企业或个人签订代办协议或合同，并按国家有关规定支付手续费及佣金。除委托个人代理外，企业以现金等非转账方式支付的手续费及佣金不得在税前扣除。企业为发行权益性证券支付给有关证券承销机构的手续费及佣金不得在税前扣除。

（3）企业不得将手续费及佣金支出计入回扣、业务提成、返利、进场费等费用。

（4）企业已计入固定资产、无形资产等相关资产的手续费及佣金支出，应当通过折旧、摊销等方式分期扣除，不得在发生当期直接扣除。

（5）企业支付的手续费及佣金不得直接冲减服务协议或合同金额，并如实入账。

（6）企业应当如实向当地主管税务机关提供当年手续费及佣金计算分配表和其他相关资料，并依法取得真实合法凭证。

（十八）其他项目

依照有关法律、行政法规和国家有关税法规定准予扣除的其他项目，如会员费、合理的会议费、差旅费、违约金、诉讼费用等，准予扣除。

根据《企业所得税法》第二十一条的规定，对企业依据财务会计制度规定，并实际在财务会计处理上已确认的支出，凡没有超过《企业所得税法》和有关税收法规规定的税前扣除范围和标准的（见表 7–6），可按企业实际会计处理确认的支出，在企业所得税前扣除，计算其应纳税所得额。

表 7–6　一般企业常见扣除项目标准

项　目	扣除标准	超标准处理
职工福利费支出	不超过工资薪金总额 14% 的部分准予扣除	当年不得扣除
拨缴的工会经费	不超过工资薪金总额 2% 的部分准予扣除	当年不得扣除
职工教育经费支出	不超过工资薪金总额 2.5% 的部分准予扣除	当年不得扣除；但超过部分准予结转以后纳税年度扣除
利息费用和借款费用	见利息费用和借款费用	
业务招待费	按照发生额的 60% 扣除，但最高不得超过当年销售（营业）收入的 5‰	当年不得扣除
广告费和业务宣传费	不超过当年销售（营业）收入 15% 以内的部分，准予扣除	当年不得扣除；但超过部分，准予结转以后纳税年度扣除
公益性捐赠支出	不超过年度利润总额 12% 的部分，准予扣除	当年不得扣除

不得扣除项目

在计算应纳税所得额时，下列支出不得扣除：

（1）向投资者支付的股息、红利等权益性投资收益款项。

（2）企业所得税款。

（3）税收滞纳金，是指纳税人违反税收法规，被税务机关处以的滞纳金。

（4）罚金、罚款和被没收财物的损失，是指纳税人违反国家有关法律、法规规定，被有关部门处以的罚款，以及被司法机关处以的罚金和被没收财物。

（5）超过规定标准的捐赠支出。

（6）赞助支出，是指企业发生的与生产经营活动无关的各种非广告性质支出。

（7）未经核定的准备金支出，是指不符合国务院财政、税务主管部门规定的各项资产减值准备、风险准备等准备金支出。

（8）企业之间支付的管理费、企业内营业机构之间支付的租金和特许权使用费，以及非银行企业内营业机构之间支付的利息，不得扣除。

（9）与取得收入无关的其他支出。

亏损弥补

亏损是指企业依照《中华人民共和国企业所得税法》及其实施条例的规定，将每一纳税年度的收入总额减除不征税收入、免税收入和各项扣除后小于零的数额。

税法规定，企业某一纳税年度发生的亏损可以用下一年度的所得弥补，下一年度的所得不足以弥补的，可以逐年延续弥补，但最长不得超过5年。而且，企业在汇总计算缴纳企业所得税时，其境外营业机构的亏损不得抵减境内营业机构的盈利。

提示

（1）亏损不是企业财务报表中的亏损额，是税法调整后的金额。

（2）五年弥补期是以亏损年度后第一年度算起，连续5年内不论是盈利或亏损，都作为实际弥补年限计算。

（3）连续发生年度亏损，必须从第一个亏损年度算起，先亏先补，后亏后补。

（4）企业筹办期间不计算为亏损年度，企业自开始生产经营的年度，为开始计算企业损益的年度。

（5）企业从事生产经营之前进行筹办活动期间发生筹办费用支出，不得计算为当期的亏损，企业可以在开始经营之日的当年一次性扣除，也可以按照新税法有关长期待摊费用的处理规定处理，但一经选定，不得改变。

第3节　应纳税额的计算

企业所得税的应纳税额是指企业的应纳税所得额乘以适用税率，减除按照《企业所得税法》关于税收优惠的规定减免和抵免的税额后的余额。其计算公式如下：

应纳税额＝应纳税所得额 × 适用税率－减免税额－抵免税额

减免税额和抵免税额是指依照企业所得税法和国务院的税收优惠规定减征、免征和抵免的应纳税额。

居民企业应纳税额的计算

居民企业应缴纳所得税额等于应纳税所得额乘以适用税率，基本计算公式如下：

应纳税额 = 应纳税所得额 × 适用税率 – 减免税额 – 抵免税额

根据计算公式可以看出，应纳税额的多少，取决于应纳税所得额和适用税率两个因素。在实际过程中，应纳税所得额的计算一般有两种方法。

（一）直接计算法

在直接计算法下，企业每一纳税年度的收入总额减除不征税收入、免税收入、各项扣除以及允许弥补的以前年度亏损后的余额为应纳税所得额。计算公式与前述相同，即为：

应纳税所得额 = 收入总额 – 不征税收入 – 免税收入 – 各项扣除金额 – 弥补亏损

【典型例题 7–11】某工业企业为居民企业，适用的企业所得税税率为 25%。该企业 2013 年发生经营业务如下：

（1）全年取得产品销售收入为 2 800 万元。

（2）发生产品销售成本 2 000 万元。

（3）其他业务收入为 400 万元，其他业务成本为 347 万元。

（4）取得购买国债的利息收入 20 万元。

（5）缴纳非增值税销售税金及附加 150 万元。

（6）发生管理费用 380 万元，其中业务招待费用为 35 万元。

（7）发生财务费用 100 万元。

（8）取得直接投资其他居民企业的权益性收益 17 万元（已在投资方

所在地按 15% 的税率缴纳了所得税）。

（19）取得营业外收入 50 万元，发生营业外支出 125 万元（其中含公益捐赠 19 万元）。

要求：计算该企业 2013 年应纳的企业所得税（假设无其他纳税调整事项）。

（1）会计利润总额 = 销售收入 + 其他业务收入 + 国债利息收入 + 权益性投资收入 + 营业外收入 – 销售成本 – 其他业务成本 – 业务税金 – 销售费用 – 管理费用 – 财务费用 – 营业外支出

=2 800+400+20+17+50–2 000–347–150–380–100–125

=185（万元）

（2）国债利息收入免征企业所得税，应调减所得额 20 万元。

（3）按实际发生业务招待费的 60% 计算 =35 × 60%=21（万元）

按销售（营业）收入的 5‰计算 =（2 800+400）× 5‰ =16（万元）

按照规定税前扣除限额应为 16 万元，实际应调增应纳税所得额为 19 万元（35–16）。

（5）取得直接投资其他居民企业的权益性收益属于免税收入，应调减应纳税所得额 17 万元。

（6）捐赠扣除标准 =185 × 12%=22.2（万元）

实际捐赠 19 万元小于扣除标准 22.2 万元，可按实捐数扣除，不做纳税调整。

（7）应纳税所得额 =185–20+19–17

=167（万元）

（8）该企业 2013 年应缴纳企业所得税 =167 × 25%

=41.75（万元）

（二）间接计算法

在间接计算法下，是在会计利润总额的基础上加或减按照税法规定调整的项目金额后，即为应纳税所得额。计算公式如下：

应纳税所得额 = 会计利润总额 ± 纳税调整项目金额

税收调整项目金额包括两方面的内容：一是企业的财务会计处理和税收规定不一致的应予以调整的金额；二是企业按税法规定准予扣除的税收金额。

【典型例题 7-12】某企业为居民企业，适用的企业所得税税率为25%。该企业2013年发生经营业务如下：

（1）取得产品销售收入2 000万元。

（2）发生产品销售成本1 300万元。

（3）发生销售费用385万元（其中广告费325万元）、管理费用240万元（其中业务招待费12.5万元）、财务费用30万元。

（4）销售税金为80万元（含增值税60万元）。

（5）营业外收入为40万元，营业外支出为25万元（含通过公益性社会团体向贫困山区捐款15万元，支付税收滞纳金3万元）。

（6）计入成本、费用中的实发工资总额为100万元，拨缴职工工会经费2.55万元，发生职工福利费15.5万元，发生职工教育经费3.5万元。

要求：计算该企业2013年度实际应纳的企业所得税（假设无其他纳税调整事项）。

（1）会计利润总额 = 销售收入 − 销售成本 − 销售费用 − 管理费用 − 财务费用 − 销售税金 + 营业外收入 − 营业外支出

=2 000−1 300−385−240−30−20+40−25

=40（万元）

（2）广告费和业务宣传费调增所得额 $=325-2\,000\times15\%$

$=325-300$

=25（万元）

（3）业务招待费调增所得额 $=12.5-12.5\times60\%$

$=12.5-7.5$

=5（万元）

$2\,000\times5‰$=10（万元）>$12.5\times60\%$=7.5（万元）

（4）捐赠支出应调增所得额 $=15-40\times12\%$

=10.2（万元）

（5）工会经费应调增所得额 $=2.5-100\times2\%$

=0.5（万元）

（6）职工福利费应调增所得额 $=15.5-100\times14\%$

=1.5（万元）

（7）职工教育经费应调增所得额 $=3.5-100\times2.5\%$

=1（万元）

（8）税收滞纳金不能在税前扣除，应调增应纳税所得额 3 万元。

（9）应纳税所得额 $=0+25+5+10.2+0.5+1.5+1+3$

=86.2（万元）

（10）2013 年应纳企业所得税 $=86.2\times25\%$

=21.55（万元）

【典型例题 7–13】2013 年某居民企业取得主营业务收入 4 000 万元，发生主营业务成本 2 600 万元，发生销售费用 770 万元（其中广告费 650 万元）、管理费用 480 万元（其中新产品技术开发费用 40 万元）、财务费用 60 万元、营业税金 160 万元（含增值税 120 万元）。要求：用直接法和间接法计算该企业的应纳税所得额。

（1）直接法：

广告费和业务宣传费 =4 000 × 15%

=600（万元）

应纳税所得额 =4 000−2 600−[（770−650）+600]−（480+40 × 50%）−60−（160−120）

=80（万元）

（2）间接法：

会计利润 =4 000−2 600−770−480−60−（160−120）

=50（万元）

广告费和业务宣传费调增所得额 =650−4 000 × 15%=650−600

=50（万元）

三新费用加计扣除 =40 × 50%

=20（万元）

应纳税所得额 =50+50−20

=80（万元）

境外所得抵扣税额的计算

根据《企业所得税法》的规定，企业取得的下列所得已在境外缴纳的所得税额，可以从其当期应纳税额中抵免，抵免限额为该项所得依照《企业所得税法》规定计算的应纳税额；超过抵免限额的部分，可以在以后 5 个年度内，用每年度抵免限额抵免当年应抵税额后的余额进行抵补：

（1）居民企业来源于中国境外的应税所得。

（2）非居民企业在中国境内设立机构、场所，取得发生在中国境外但与该机构、场所有实际联系的应税所得。

居民企业从其直接或者间接控制的外国企业分得的来源于中国境外的股息、红利等权益性投资收益，外国企业在境外实际缴纳的所得税额中属于该项所得负担的部分，可以作为该居民企业的可抵免境外所得税额，在企业所得税税法规定的抵免限额内抵免。

已在境外缴纳的所得税额，是指企业来源于中国境外的所得依照中国境外税收法律以及相关规定应当缴纳并已经实际缴纳的企业所得税性质的税款。企业依照《企业所得税法》的规定抵免企业所得税额时，应当提供中国境外税务机关出具的税款所属年度的有关纳税凭证。

抵免限额是指企业来源于中国境外的所得，依照《企业所得税法》等规定计算的应纳税额。除国务院财政、税务主管部门另有规定外，该抵免限额应当分国（地区）不分项计算，计算公式如下：

$$抵免限额=\frac{\text{中国境内、境外所得依照企业所得税法和条例规定计算的应纳税总额}\times\text{来源于某国（地区）的应纳税所得额}}{\text{中国境内、境外应纳税所得总额}}$$

前述5个年度，是指从企业取得的来源于中国境外的所得，已经在中国境外缴纳的企业所得税性质的税额超过抵免限额的当年的次年起连续5个纳税年度。

【典型例题7–14】某企业2013年度境内应纳税所得额为100万元，适用25%的企业所得税税率。另外，该企业分别在A、B两国设有分支机构（我国与A、B两国已经缔结避免双重征税协定），在A国分支机构的应纳税所得额为50万元，A国税率为20%；在B国的分支机构的应纳税所得额为30万元，B国税率为30%。假设该企业在A、B两国所得按我国税法计算的应纳税所得额和按A、B两国税法计算的应纳税所得额一致，两个分支机构在A、B两国分别缴纳了10万元和9万元的企业所得税。

要求：计算该企业汇总时在我国应缴纳的企业所得税额。

（1）该企业按我国税法计算的境内、境外所得的应纳税额：

应纳税额 =（100+50+30）×25%

=45（万元）

（2）A、B两国的扣除限额：

A国扣除限额 =45×［50÷（100+50+30）］

=12.5（万元）

在A国缴纳的所得税为10万元，低于扣除限额12.5万元，可全额扣除。

B国扣除限额 =45×［30÷（100+50+30）］

=7.5（万元）

在B国缴纳的所得税为9万元，高于扣除限额7.5万元，其超过扣除限额的部分1.5万元当年不能扣除。

（3）汇总时在我国应缴纳的所得税 =45–10–7.5

=27.5（万元）

非居民企业应纳税额的计算

根据《企业所得税法》的规定，对于在中国境内未设立机构、场所的，或者虽设立机构、场所但取得的所得与其所设机构、场所没有实际联系的非居民企业的所得，按照下列方法计算应纳税所得额：

（1）股息、红利等权益性投资收益和利息、租金、特许权使用费所得，以收入全额为应纳税所得额。

（2）转让财产所得，以收入全额减除财产净值后的余额为应纳税所得额。

（3）其他所得，参照前两项规定的方法计算应纳税所得额。

财产净值是指财产的计税基础减除已经按照规定扣除的折旧、折耗、摊销、准备金等后的余额。

扣缴义务人在每次向非居民企业支付或者到期应支付所得时，应从支付或者到期应支付的款项中扣缴企业所得税。到期应支付的款项是指支付人按照权责发生制原则应当计入相关成本、费用的应付款项。

扣缴企业所得税应纳税额 = 应纳税所得额 × 实际征收率（10%）

【典型例题 7–15】境外某公司在中国境内未设立机构、场所，2013 年取得境内甲公司支付的贷款利息收入 100 万元，取得境内乙公司支付的财产转让收入 80 万元，该项财产净值 60 万元。那么，2013 年度该境外公司在我国应纳企业所得税是多少？

应纳企业所得税 =100 × 10%+（80–60）× 10%

=12（万元）

第 4 节　纳税申报与账务处理

无论当期是否获得利润，都应按照税法规定申报缴纳企业所得税。

纳税地点

（1）除税收法律、行政法规另有规定外，居民企业以企业登记注册地为纳税地点；但登记注册地在境外的，以实际管理机构所在地为纳税地点。

（2）居民企业在中国境内设立不具有法人资格的营业机构的，应当汇总计算并缴纳企业所得税。

（3）非居民企业在中国境内设立机构、场所的，应当就其所设机构、场所取得的来源于中国境内的所得，以及发生在中国境外但与其所设机构、场所有实际联系的所得，以机构、场所所在地为纳税地点。

非居民企业在中国境内设立两个或者两个以上机构、场所的，经税务机关审核批准，可以选择由其主要机构、场所汇总缴纳企业所得税。

（4）非居民企业在中国境内未设立机构、场所的，或者虽设立机构、场所但取得的所得与其所设机构、场所没有实际联系的所得，以扣缴义务人所在地为纳税地点。

纳税期限

企业所得税按年计征，分月或者分季预缴，年终汇算清缴，多退少补。

1. 纳税年度

（1）企业所得税的纳税年度，自公历 1 月 1 日起至 12 月 31 日止。

（2）企业在一个纳税年度的中间开业，或者由于合并、关闭等原因终止经营活动，使该纳税年度的实际经营期不足 12 个月的，应当以其实际经营期为 1 个纳税年度。

（3）企业清算时，应当以清算期间作为 1 个纳税年度。

2. 汇算清缴

自年度终了之日起 5 个月内，汇算清缴，结清应缴应退税款。

3. 终止清算

企业在年度中间终止经营活动的，应当自实际经营终止之日起 60 日内，向税务机关办理当期企业所得税汇算清缴。

纳税申报

按月或按季预缴的，应当自月份或者季度终了之日起15日内，向税务机关报送预缴企业所得税纳税申报表，预缴税款。

提示：企业所得税常见问题

（1）隐匿收入、收入计量不准、入账不及时（房地产企业收到房款先记入“预收账款”科目，而将收入长期在“预收账款”科目挂账，不按期结转收入；房地产企业采取银行按揭方式销售开发产品，将其收到的首付款计入往来账，未按照款项实际收到日确认收入；预收账款未按照计税毛利率计算调增企业所得税应纳税所得额）。

（2）虚开发票虚增成本。

（3）资本性支出一次计入成本，未分期摊销。

（4）收入和成本费用不配比。

（5）成本分配不准确（房地产开发企业，销售开发产品按预计利润推算结转开发成本，不按单位面积成本结转销售成本）。

（6）人工（劳务）费用核算不准确。

（7）虚计销售数量多转销售成本。

（8）对外投资、赠送货物（视同销售）计入销售成本，不计收入。

（9）招待费、福利费、研发经费等管理费用超标准、超范围列支以及未实际发生的福利费、教育经费在税前列支。

（10）广告宣传费等销售费用超标准列支。

（11）利息等财务费用未按规定纳税调整。

（12）补提补缴以前年度税金、应由个人负担的个人所得税额直接在税前扣除。

（13）固定资产、无形资产虚增，折旧或摊销期限不准确。

（14）自行扩大弥补亏损数额、延长弥补亏损年限。

账务处理

（1）企业计算当期应交企业所得税：

借：所得税费用

　贷：应交税费——应交所得税

（2）实际缴纳企业所得税时：

借：应交税费——应交所得税

　贷：银行存款

【典型例题 7-16】企业 2013 年度实现利润总额 800 000 元，按税法有关规定调整后的应纳税所得额为 760 000 元，适用的所得税税率为 25%。根据上述经济业务，编制会计分录如下：

（1）计算应交企业所得税时：

应交所得税 =760 000 × 25%=190 000（元）

借：所得税费用　190 000

　贷：应交税费——应交所得税　190 000

（2）实际缴纳企业所得税时：

借：应交税费——应交所得税　190 000

　贷：银行存款　190 000

SHOU BA SHOU JIAO NI ZUO NA SHUI

08

其他主要税种

90% % 75% 15% 60% 25% 58% 45% 36%

除了增值税、营业税、消费税、城市维护建设税与教育费附加、企业所得税、个人所得税等，企业在日常生产经营过程中，还会产生诸如车辆购置税、车船税、印花税的纳税义务。

第 1 节　车辆购置税

车辆购置税是以在中国境内购置规定车辆为课税对象，在特定的环节向车辆购置者征收的一种税。就其性质而言，车辆购置税属于直接税的范畴。

车辆购置税是 2001 年 1 月 1 日在我国开征的新税种，是在原交通部门收取的车辆购置附加费的基础上，通过“费改税”方式改革而来的。

车辆购置税概述

（一）纳税义务人

车辆购置税的纳税人是指在我国境内购置应税车辆的单位和个人。具体来讲，这种应税行为包括以下几种情况：

（1）购买使用行为，包括购买使用国产应税车辆和购买使用进口应税车辆。

（2）进口使用行为，指直接进口使用应税车辆的行为。

（3）受赠使用行为。

（4）自产自用行为。

（5）获奖使用行为。

（6）其他使用行为，如以拍卖、抵债、走私、罚没等方式取得并自用的应税车辆。

（二）征税范围

车辆购置税以列举的车辆作为征税对象，未列举的车辆不纳税。其征税范围包括汽车、摩托车、电车、挂车、农用运输车，具体规定如下：为了体现税法的统一性、固定性、强制性和法律的严肃性特征，车辆购置税征收范围的调整，由国务院决定，其他任何部门、单位和个人无权擅自扩大或缩小车辆购置税的征税范围。

（三）税率与计税依据

车辆购置税实行统一比例税率，税率为10%。

车辆购置税以应税车辆为课税对象，考虑到我国车辆市场供求的矛盾，价格差异变化，计量单位不规范以及征收车辆购置附加费的做法，实行从价定率、价外征收的方法计算应纳税额，应税车辆的价格即计税价格就成为车辆购置税的计税依据。但是，由于应税车辆购置的来源不同，应税行为的发生不同，计税价格的组成也就不一样。

1. 购买自用应税车辆计税依据的确定

纳税人购买自用的应税车辆的计税依据为纳税人购买应税车辆而支付给销售方的全部价款和价外费用（不含增值税）。简单来说，购买自用应税车辆的计税依据是购买该车辆的计税价格，而计税价格的组成为纳税人购买应税车辆而支付给销售者的全部价款和价外费用（不包括增值税款）。其计算公式如下：

计税价格 = 含增值税的销售价格 ÷（1+ 增值税税率或征收率）

购买的应税自用车辆包括购买自用的国产应税车辆和购买自用的进口应税车辆，如从国内汽车市场、汽车贸易公司购买自用的进口应税车辆。

价外费用是指销售方价外向购买方收取的手续费、基金、违约金、包装费、运输费、保管费、代垫款项、代收款项和其他各种性质的价外收费，但不包括增值税款。

2. 进口自用应税车辆计税依据的确定

纳税人进口自用的应税车辆以组成计税价格为计税依据，组成计税价格的计算公式如下：

组成计税价格 = 关税完税价格 + 关税 + 消费税

进口自用的应税车辆是指纳税人直接从境外进口或委托代理进口自用的应税车辆，即非贸易方式进口自用的应税车辆。而且进口自用的应税车辆的计税依据，应根据纳税人提供的、经海关审查确认的有关完税证明资料确定。

3. 其他自用应税车辆计税依据的确定

现行政策规定，纳税人自产、受赠、获奖和以其他方式取得并自用的应税车辆的计税依据，凡不能或不能准确提供车辆价格的，由主管税务机关依国家税务总局核定的、相应类型的应税车辆的最低计税价格确定。

因此，纳税人自产自用、受赠使用、获奖使用和以其他方式取得并自用的应税车辆一般以国家税务总局核定的最低计税价格为计税依据。

4. 最低计税价格作为计税依据的确定

现行车辆购置税条例规定，“纳税人购买自用或者进口自用应税车辆，申报的计税价格低于同类型应税车辆的最低计税价格，又无正当理由的，按照最低计税价格征收车辆购置税”。也就是说，纳税人购买和自用的应税车辆，首先应分别按前述计税价格、组成计税价格来确定计税依据。当申报的计税价格偏低，又无正当理由的，应以最低计税价格作为计税依据。实际工作中，通常是当纳税人申报的计税价格等于或高于最低计税价格时，按申报的价格计税；当纳税人申报的计税价格低于最低计税价格时，按最低计税价格计税。

最低计税价格由国家税务总局依据全国市场的平均销售价格制定。根据纳税人购置应税车辆的不同情况，国家税务总局对以下几种特殊情形应税车辆的最低计税价格规定如下：

（1）对已缴纳并办理了登记注册手续的车辆，其底盘和发动机同时发生更换，其最低计税价格按同类型新车最低计税价格的 70% 计算。

（2）免税、减税条件消失的车辆，其最低计税价格的确定方法如下：

$$\text{最低计税价格}=\text{同类型新车最低计税价格}\times\left[1-\left(\frac{\text{已使用年限}}{\text{规定使用年限}}\right)\right]\times 100\%$$

其中，规定使用年限为：国产车辆按 10 年计算；进口车辆按 15 年计算。超过使用年限的车辆，不再征收车辆购置税。

（3）非贸易渠道进口车辆的最低计税价格，为同类型新车最低计税价格。

车辆购置税的计税依据和应纳税额应使用统一货币单位计算。纳税人以外汇结算应税车辆价款的，按照申报纳税之日中国人民银行公布的人民币基准汇价，折合成人民币计算应纳税额。

应纳税额的计算

车辆购置税实行从价定率的方法计算应纳税额，计算公式如下：

应纳税额 = 计税依据 × 税率

由于应税车辆的来源、应税行为的发生以及计税依据组成的不同，因而，车辆购置税应纳税额的计算方法也有区别。

（一）购买自用应税车辆应纳税额的计算

购买自用应税车辆，在计算车辆购置税的应纳税额时，应注意以下费用的计税规定：

（1）购买者随购买车辆支付的工具件和零部件价款应作为购车价款的一部分，并入计税依据中征收车辆购置税。

（2）支付的车辆装饰费应作为价外费用并入计税依据中计税。

（3）代收款项应区别征税。凡使用代收单位（受托方）票据收取的款项，应视作代收单位价外收费，购买者支付的价费款，应并入计税依据中一并征税；凡使用委托方票据收取，受托方只履行代收义务和收取代收手续费的款项，应按其他税收政策规定征税。

（4）销售单位开给购买者的各种发票金额中包含增值税款，因此，计算车辆购置税时，应换算为不含增值税的计税价格。

（5）购买者支付的控购费，是政府部门的行政性收费，不属于销售者的价外费用范围，不应并入计税价格计税。

（6）销售单位开展优质销售活动所开票收取的有关费用，应属于经营性收入，企业在代理过程中按规定支付给有关部门的费用，企业已作经营性支出列支核算，其收取的各项费用并在一张发票上难以划分的，应作为价外收入计算征税。

【典型例题 8-1】2014 年 4 月，林强从某汽车有限公司购买一辆小汽车供自己使用，支付了含增值税款在内的款项 234 000 元，另支付代收临时牌照费 550 元、代收保险费 1 000 元，支付购买工具件和零配件价款 3 000 元、车辆装饰费 1 300 元。所支付的款项均由该汽车有限公司开具机动车销售统一发票和有关票据。请计算林强应纳车辆购置税。

（1）计税依据 =（234 000+550+1 000+3 000+1 300）÷（1+17%）

=205 000（元）

（2）应纳税额 =205 000 × 10%

=20 500（元）

（二）进口自用应税车辆应纳税额的计算

纳税人进口自用的应税车辆应纳税额的计算公式如下：

应纳税额 =（关税完税价格 + 关税 + 消费税）× 税率

【典型例题 8-2】2014 年 4 月，某外贸进出口公司从国外进口 10 辆宝马公司生产的某型号小轿车。该公司报关进口这批小轿车时，经报关地海关对有关报关资料的审查，确定关税完税价格为每辆 185 000 元人民币，海关按关税政策规定每辆征收了关税 203 500 元，并按消费税、增值税有关规定分别代征了每辆小轿车的进口消费税 11 655 元和增值税 66 045 元。由于联系业务需要，该公司将一辆小轿车留在本单位使用。根据以上资料，计算应纳车辆购置税。

（1）计税依据 =185 000+203 500+11 655

=400 155（元）

（2）应纳税额 =400 155 × 10%

=40 015.5（元）

（三）其他自用应税车辆应纳税额的计算

纳税人自产自用、受赠使用、获奖使用和以其他方式取得并自用应税车辆的，凡不能取得该型车辆的购置价格，或者低于最低计税价格的，以国家税务总局核定的最低计税价格作为计税依据计算征收车辆购置税：

应纳税额 = 最低计税价格 × 税率

【典型例题 8-3】某客车制造厂将自产的一辆某型号的客车，用于本厂后勤服务，该厂在办理车辆上牌落籍前，出具该车的发票，注明金额 65 000 元，并按此金额向主管税务机关申报纳税。经审核，国家税务总局对该车同类型车辆核定的最低计税价格为 80 000 元。计算该车应纳车辆购置税。

应纳税额 =80 000 × 10%

=8 000（元）

（四）特殊情形下自用应税车辆应纳税额的计算

1. 减税、免税条件消失车辆应纳税额的计算

对减税、免税条件消失的车辆，纳税人应按现行规定，在办理车辆过户手续前或者办理变更车辆登记注册手续前向税务机关缴纳车辆购置税。

$$应纳税额 = 同类型新车最低计税价格 \times \left[1-\left(\frac{已使用年限}{规定使用年限}\right)\right] \times 100\% \times 税率$$

2. 未按规定纳税车辆应补税额的计算

纳税人未按规定纳税的，应按现行政策规定的计税价格，区分情况分别确定征税。不能提供购车发票和有关购车证明资料的，检查地税务机关应按同类型应税车辆的最低计税价格征税；如果纳税人回落籍地后提供的购车发票金额与支付的价外费用之和高于核定的最低计税价格的，落籍地主管税务机关还应对其差额计算补税：

应纳税额＝最低计税价格 × 税率

【典型例题 8–4】2014 年 5 月，王某在某房产公司举办的有奖购房活动中中奖获得一辆小汽车，房产公司提供的机动车销售统一发票上注明价税合计金额为 80 000 元。国家税务总局核定该型车辆的车辆购置税最低计税价格为 73 000 元。那么，王某应纳车辆购置税是多少？

机动车销售统一发票注明不含税价格：

80 000 ÷ 1.17=68 376.07（元）

纳税人从各种奖励方式中取得并自用的应税车辆，其价格低于最低计税价格，应按国家税务总局确定的最低计税价格核定计税。

应纳车辆购置税 =73 000 × 10%=7 300（元）

申报缴纳

车辆购置税实行一车一申报制度。纳税人在办理纳税申报时应如实填写《车辆购置税纳税申报表》，同时提供车主身份证明、车辆价格证明、车辆合格证明及税务机关要求提供的其他资料的原件和复印件。主管税务机关应对纳税申报资料进行审核，确定计税依据，征收税款，核发完税证明。征税车辆在完税证明征税栏加盖车购税征税专用章，免税车辆在完税证明免税栏加盖车购税征税专用章。完税后，由税务机关保存有关复印件，并对已经办理纳税申报的车辆建立车辆购置税征收管理档案。

（一）纳税环节

车辆购置税的征税环节为使用环节，即最终消费环节。具体而言，纳税人应当在向公安机关等车辆管理机构办理车辆登记注册手续前，缴纳车辆购置税。

购买二手车时，购买者应当向原车主索要《车辆购置税完税证明》。购买已经办理车辆购置税免税手续的二手车，购买者应当到税务机关重新办理申报缴税或免税手续。未按规定办理的，按征管法的规定处理。

（二）纳税地点

纳税人购置应税车辆，应当向车辆登记注册地的主管税务机关申报纳税；购置不需办理车辆登记注册手续的应税车辆，应当向纳税人所在地主管税务机关申报纳税。车辆登记注册地是指车辆的上牌落籍地或落户地。

（三）纳税期限

纳税人购买自用的应税车辆，自购买之日起60日内申报纳税；进口自用的应税车辆，应当自进口之日起60日内申报纳税；自产、受赠、获奖和以其他方式取得并自用的应税车辆，应当自取得之日起60日内申报纳税。

这里的“购买之日”是指纳税人购车发票上注明的销售日期；“进口之日”是指纳税人报关进口的当天。

第2节 车船税

所谓车船税，是指在中华人民共和国境内的车辆、船舶的所有人或者管理人按照《车船税法》应缴纳的一种税。

车船税概述

（一）征税范围

车船税的征税范围是指在中华人民共和国境内属于《车船税法》所附《车船税税目税额表》规定的车辆、船舶。车辆、船舶是指：

（1）依法应当在车船管理部门登记的机动车辆和船舶。

（2）依法不需要在车船管理部门登记、在单位内部场所行驶或者作业的机动车辆和船舶。

（二）纳税义务人

我国境内车辆、船舶的所有人或者管理人为车船税的纳税人，应当依照《车船税法》的规定缴纳车船税。

（三）税目和税率

车船税实行定额税率。定额税率也称固定税额，是税率的一种特殊形式。定额税率计算简便，适宜于从量计征的税种。车船税的适用税额，依照《车船税法》所附的《车船税税目税额表》执行。

表 8–1　车船税税目、税额表

税目	目录	计税单位	年基准税额	备注
乘用车按发动机气缸容量（排气量分档）	1.0 升（含）以下的	每辆	60 ~ 360	核定载客人数 9 人（含）以下
	1.0 升以上至 1.6 升（含）		360 ~ 660	
	1.6 升以上至 2.0 升（含）		660 ~ 960	
	2.0 升以上至 2.5 升（含）		960 ~ 1 620	
	2.5 升以上至 3.0 升（含）		1 620 ~ 2 460	
	3.0 升以上至 4.0 升（含）		2 460 ~ 3 600	
	4.0 升以上的		3 600 ~ 5 400	
商用车	客车	每辆	480 ~ 1 440	核定载客人数 9 人（包括电车）
	货车	整备质量每吨	16 ~ 120	1. 包括半挂牵引车、挂车、客货两用汽车、三轮汽车和低速载货汽车。2. 挂车按照货车税额的 50% 计算
其他车辆	专用作业车	整备质量每吨	16 ~ 120	不包括拖拉机
	轮式专用机械车	整备质量每吨	16 ~ 120	
摩托车		每辆	36 ~ 180	

（续表）

税目	目录	计税单位	年基准税额	备注
船舶	机动船舶	净吨位每吨	3 ~ 6	拖船、非机动驳船分别按机动船舶税额的50%计算；游艇的税额另行规定。
	游艇	艇身长度每米	600 ~ 2 000	

注意：

1. 拖船按照发动机功率每2马力折合净吨位1吨计算征收车船税；

2. 车辆整备质量尾数不超过0.5吨，按照0.5吨计算；超过0.5吨的，按照1吨计算。整备质量不超过1吨的车辆，按照1吨计算。

3. 船舶净吨位尾数不超过0.5吨的不予计算，超过0.5吨的，按1吨计算。净吨位不超过1吨的船舶，按照1吨计算。

4. 以车船登记管理部门核发的车船登记证书或者行驶证所载数据为准；以车船出厂合格证明或者进口凭证标注的技术参数、数据为准；由主管税务机关参照国家相关标准核定，没有国家相关标准的参照同类车船核定。

应纳税额的计算

纳税人按照纳税地点所在的省、自治区、直辖市人民政府确定的具体适用税额缴纳车船税。车船税由地方税务机关负责征收。

（1）购置的新车船，购置当年的应纳税额自纳税义务发生的当月起按月计算。计算公式如下：

应纳税额 =（年应纳税额 ÷ 12）× 应纳税月份数

（2）在一个纳税年度内，已完税的车船被盗抢、报废、灭失的，纳税人可以凭有关管理机关出具的证明和完税证明，向纳税所在地的主管税务机关申请退还自被盗抢、报废、灭失月份起至该纳税年度终了期间的税款。

（3）已办理退税的被盗抢车船，失而复得的，纳税人应当从公安机关出具相关证明的当月起计算缴纳车船税。

（4）在一个纳税年度内，纳税人在非车辆登记地由保险机构代收代缴机动车车船税，且能够提供合法有效完税证明的，纳税人不再向车辆登记地的地方税务机关缴纳车辆车船税。

（5）已缴纳车船税的车船在同一纳税年度内办理转让过户的，不另纳税，也不退税。

【典型例题 8-5】某运输公司拥有载货汽车 15 辆（货车载重净吨位全部为 10 吨）；乘人大客车 20 辆；小客车 10 辆。计算该公司应纳车船税。（注：载货汽车每吨年税额 80 元，乘人大客车每辆年税额 500 元，小客车每辆年税额 400 元）

（1）载货汽车应纳税额 =15 × 10 × 80

=12 000（元）

（2）乘人汽车应纳税额 =20 × 500+10 × 400

–14 000（元）

全年应纳车船税额 =12 000+14 000

=26 000（元）

保险机构代收代缴

（1）从事机动车第三者责任强制保险业务的保险机构为机动车车船税的扣缴义务人，应当在收取保险费时依法代收车船税，并出具代收税款凭证。

（2）机动车车船税扣缴义务人在代收车船税时，应当在机动车交通事故责任强制保险的保险单以及保费发票上注明已收税款的信息，作为代收税款凭证。

（3）纳税人没有按照规定期限缴纳车船税的，扣缴义务人在代收代缴税款时，可以一并代收代缴欠缴税款的滞纳金。

纳税申报

一、纳税期限

车船税纳税义务发生时间为取得车船所有权或者管理权的当月：

（1）核发证书的当月。车船税的纳税义务发生时间为车船管理部门核发的车船登记证书或者行使证书所记载日期的当月。

（2）购置发票的当月。没有登记办理手续的，以车船购置发票所载开具时间的当月作为车船税的纳税义务发生时间。

（3）税务机关核定日期。没有登记也不能提供发票的，由主管地方税务机关核定纳税义务发生时间。

车船税按年申报缴纳，具体申报纳税期限由省级人民政府确定。

二、纳税地点

车船税的纳税地点为车船的登记地或者车船税扣缴义务人所在地。依法不需要办理登记的车船，车船税的纳税地点为车船的所有人或者管理人所在地。

三、申报缴纳

车船税按年申报，分月计算，一次性缴纳。具体申报纳税期限由省、自治区、直辖市人民政府规定。

第 3 节 印花税

印花税是对经济活动和经济交往中书立、领受、使用的应税经济凭证所征收的一种税。因纳税人主要是通过在应税凭证上粘贴印花税票来完成纳税义务，故名印花税。

印花税概述

（一）征收范围

我国现行印花税只对《印花税暂行条例》列举的凭证征收，没有列举的凭证不征税。正式列举的凭证分为五类，即经济合同、产权转移书据、营业账簿、权利许可证照和经财政部门确认的其他凭证。

1. 经济合同

（1）购销合同，包括供应、预购、采购、购销结合及协作、调剂、补偿、易货等合同；还包括各出版单位与发行单位（不包括订阅单位和个人）之间订立的图书、报刊、音像征订凭证。

提示

①印花税征税范围中的购销合同，仅针对货物，即有形动产的购销，买卖不动产签订的商品房买卖合同，按照产权转移书据税目征税。

②对纳税人以电子形式签订的各类应税凭证按规定征收印花税。

③对发电厂与电网之间、电网与电网之间（国家电网公司系统、南方电网公司系统内部各级电网互供电量除外）签订的购售电合同按购销合同征收印花税。**电网与用户之间签订的供用电合同不属于印花税列举征税的凭证，不征收印花税。**

（2）加工承揽合同，包括加工、定做、修缮、印刷、广告、测绘、测试等合同。

（3）建设工程勘察设计合同，包括勘察、设计合同的总包合同、分包合同和转包合同。

（4）建筑安装工程承包合同，包括建筑、安装工程承包合同的总包合同、分包合同和转包合同。

（5）财产租赁合同，不包括企业与主管部门签订的租赁承包合同。

（6）货物运输合同。

（7）仓储保管合同。

（8）借款合同，包括银行及其他金融组织和借款人（不包括银行同业拆借）所签订的借款合同，也包括融资租赁合同。

（9）财产保险合同。

（10）技术合同，包括技术开发、转让、咨询、服务等合同。

技术转让合同包括专利申请转让、非专利技术转让所书立的合同，但不包括专利权转让、专利实施许可所书立的合同。后者适用于产权转移书据合同。

一般的法律、会计、审计等方面的咨询不属于技术咨询，其所书立合同不贴印花。

提示

①具有合同性质的凭证应视同合同征税。

②未按期兑现合同应贴花。

2. 产权转移书据

在印花税的征收范围中，产权转移书据包括财产所有权和版权、商标专用权、专利权、专有技术使用权等转移书据和土地使用权出让合同、土地使用权转让合同、商品房销售合同等权力转移合同。

所称“产权转移书据”，是指单位和个人产权的买卖、继承、赠与、交换、分割等所立的书据。“财产所有权”转移书据的征税范围，是指经政府管理机关登记注册的动产、不动产的所有权转移所立的书据，以及企业股权转让所立的书据，并包括个人无偿赠送不动产所签订的“个人无偿赠与不动产登记表”。当纳税人完税后，税务机关（或其他征收机关）应在纳税人印花税完税凭证上加盖“个人无偿赠与”印章。

3. 营业账簿

印花税征税范围中的营业账簿，可以分为记载资金的账簿（简称资金账簿）和其他营业账簿两类。

其中，资金账簿是指反映生产经营单位“实收资本”和“资本公积”金额增减变化的账簿。其他账簿是指除上述账簿以外的有关其他生产经营活动内容的账簿，包括日记账簿和各明细分类账簿。

提示

（1）其他营业账簿包括日记账簿和各明细分类账簿。

（2）对采用一级核算形式的单位，只就财会部门设置的账簿贴花。

采用分级核算形式的，除财会部门的账簿应贴花外，财会部门设置在其他部门和车间的明细分类账，亦应按规定贴花。

（3）车间、门市部、仓库设置的不属于会计核算范围或虽属会计核算范围，但不记载金额的登记簿、统计簿、台账等，不贴印花。

（4）对会计核算采用单页表式记载资金活动情况，以表代账的，在未形成账簿（账册）前，暂不贴花，待装订成册时，按册贴花。

（5）对有经营收入的事业单位，凡属于由国家财政部门拨付事业经费，实行差额预算管理的，记载经营业务的账簿定额贴花，不记载经营业务的账簿不贴花；凡实行自收自支的单位，对其经营账簿，应分别贴花。

（6）跨地区经营的分支机构使用的营业账簿，应由各分支机构在其所在地缴纳印花税。对上级单位核拨资金的分支机构，其记载资金的账簿按核拨的账面资金数额计税贴花；对上级单位不核拨资金的分支机构，只就其他账簿按定额贴花。

（7）实行公司制改造的企业在改制过程中成立的新企业（重新办理法人登记的），其新启用的资金账簿记载的资金或因企业建立资本纽带关系而增加的资金，凡原已贴花的部分可不再贴花，未贴花的部分和以后新增加的资金按规定贴花。

（8）以合并或分立方式成立的新企业，其新启用的资金账簿记载的资金，凡原已贴花的部分可不再贴花，未贴花的部分和以后新增加的资金按规定贴花。

（9）企业债权转股权新增加的资金按规定贴花。

（10）企业改制中经评估增加的资金按规定贴花。

营业账簿印花印见表 8–2

表 8–2 营业账簿印花税

<table>
<tr><td rowspan="2">1. 核算形式</td><td>一级核算形式的单位</td><td>财会部门设置的账簿贴花</td></tr>
<tr><td>分级核算形式的</td><td>财会部门和设置在其他部门和车间的明细分类账均贴花</td></tr>
<tr><td rowspan="2">2. 事业单位</td><td>实行差额预算管理</td><td>记载经营业务的账簿，按其他账簿定额贴花，不记载经营业务的账簿不贴花</td></tr>
<tr><td>经费来源自收自支</td><td>应就记载资金的账簿和其他账簿分别按规定贴花</td></tr>
<tr><td rowspan="2">3. 跨地区经营的分支机构（由各分支机构在其所在地缴纳）</td><td>上级单位核拨资金的</td><td>记载资金的账簿按核拨的账面资金数额计税贴花</td></tr>
<tr><td>上级单位不核拨资金的</td><td>只就其他账簿按定额贴花</td></tr>
<tr><td rowspan="5">4. 增量贴花的几种情形（凡原已贴花的部分可不再贴花，未贴花的部分和以后新增加的资金按规定贴花）</td><td colspan="2">实行公司制改造并经县以上政府和有关部门批准的企业在改制过程中成立的新企业（重新办理法人登记的），其新启用的资金账簿记载的资金或因企业建立资本纽带关系而增加的资金</td></tr>
<tr><td colspan="2">以合并或分立方式成立的新企业其新启用的资金账簿记载的资金</td></tr>
<tr><td colspan="2">企业债权转股权新增加的资金</td></tr>
<tr><td colspan="2">企业改制中经评估增加的资金</td></tr>
<tr><td colspan="2">企业其他会计科目记载的资金转为实收资本或资本公积的资金</td></tr>
</table>

（续表）

5. 其他	车间、门市部、仓库设置的不属于会计核算范围或虽属会计核算范围，但不记载金额的登记簿、统计簿、台账等，不贴印花
	对会计核算采用单页表式记载资金活动情况，以表代账的，在未形成账簿（账册）前，暂不贴花，待装订成册时，按册贴花

4. 权利、许可证照

印花税征税范围中的权利、许可证照，包括政府部门发给的房屋产权证、工商营业执照、商标注册证、专利证、土地使用证等。

5. 经财政部门确定征税的其他凭证

（1）各类凭证不论以何种形式或名称书立，只要其性质属于《印花税暂行条例》中列举征税范围内的凭证，均应照章征税。

（2）应税凭证均是指在中国境内具有法律效力，受中国法律保护的凭证。

（3）适用于中国境内并在中国境内具备法律效力的应税凭证，无论在中国境内或者境外书立，均应依照印花税的规定贴花。

（二）纳税义务人

凡在我国境内书立、领受、使用属于征税范围内所列凭证的单位和个人，都是印花税的纳税义务人（见表8–3）。

表8–3　印花税纳税义务人

纳税人	具体情况
立合同人	指各类合同的当事人，即对凭证有直接权利义务关系的单位和个人，不包括保人、证人、鉴定人。如果应税凭证是由当事人的代理人代为书立的，则由代理人代为承担纳税义务。

（续表）

纳税人	具体情况
立账簿人	设立并使用营业账簿的单位和个人
立据人	订立产权转移书据的单位和个人
领受人	领取或接受并持有权利、许可证照的单位和个人
使用人	在国外书立、领受，但在国内使用应税凭证的单位和个人
签订人	以电子形式签订的各类应税凭证的单位和个人（新）

提示

对于同一凭证，如果由两方或者两方以上当事人签订并各执一份的，各方均为纳税人，应当由各方就所执凭证的各自金额贴花。

（三）税率

印花税的税率设计，遵循税负从轻、共同负担的原则。所以，税率比较低；凭证的当事人，即对凭证有直接权利与义务关系的单位和个人均应就其所持凭证依法纳税。

印花税的税率有两种形式，即比例税率和定额税率。

1. 比例税率

在印花税的 13 个税目中，各类合同以及具有合同性质的凭证（含以电子形式签订的各类应税凭证）、产权转移书据、营业账簿中记载资金的账簿，适用比例税率。

印花税的比例税率分为 4 个档次，分别是 0.05‰、0.3‰、0.5‰、1‰。

（1）适用 0.05‰税率的为借款合同。

（2）适用 0.3‰税率的为购销合同、建筑安装工程承包合同、技术合同。

（3）适用 0.5‰税率的为加工承揽合同、建筑工程勘察设计合同、货物运输合同、产权转移书据、营业账簿税目中记载资金的账簿。

（4）适用 1‰税率的为财产租赁合同、仓储保管合同、财产保险合同。

2. 定额税率

在印花税的 13 个税目中（见表 8–4），“权利、许可证照”和“营业账簿”税目中的其他账簿，适用定额税率，均为按件贴花，税额为 5 元。这样规定，主要是考虑到上述应税凭证比较特殊，有的是无法计算金额的凭证，如权利、许可证照；有的是虽记载有金额，但以其作为计税依据又明显不合理的凭证，如其他账簿。采用定额税率，便于纳税人缴纳，便于税务机关征管。

表 8–4　印花税税目税率表

税目	范围	税率	纳税人	说明
1. 购销合同	包括供应、预购、采购、购销结合及协作、调剂、补偿、易货等合同	按购销金额 3‰贴花	立合同人	
2. 加工承揽合同	包括加工、定做、修缮、修理、印刷、广告、测绘、测试等合同	按加工或承揽收入 5‰贴花	立合同人	
3. 建设工程勘察设计合同	包括勘察、设计合同	按收取费用 5‰贴花	立合同人	
4. 建筑安装工程承包合同	包括建筑、安装工程承包合同	按承包金额 3‰贴花	立合同人	

（续表）

税目	范围	税率	纳税人	说明
5. 财产租赁合同	包括租赁房屋、船舶、飞机、机动车辆、机械、器具、设备等合同	按租赁金额1‰贴花。税额不足1元按1元贴花	立合同人	
6. 货物运输合同	包括民用航空运输、铁路运输、海上运输、内河运输、公路运输和联运合同	按运输收取的费用5‰贴花	立合同人	单据作为合同使用的，按合同贴花。
7. 仓储保管合同	包括仓储、保管合同	按仓储收取的保管费用1‰贴花	立合同人	仓单或栈单作为合同使的，按合同贴花。
8. 借款合同	银行及其他金融组织和借款人（不包括银行同业拆借）所签订的借款合同	按借款金额0.5‰贴花	立合同人	单据作为合同使用的按合同贴花
9. 财产保险合同	包括财产、责任、保证、信用等保险合同	按收取的保险费收入1‰贴花	立合同人	单据作为合同使用的，按合同贴花
10. 技术合同	包括技术开发、转让、咨询、服务等合同	按所记载金额3‰贴花	立合同人	
11. 产权转移书据	包括财产所有权和版权、商标专用权、专利权、专有技术使用权等转移书据、土地使用权出让合同、土地使用权转让合同、商品房销售合同	按所记载金额5‰贴花	立据人	

（续表）

税目	范围	税率	纳税人	说明
12. 营业账簿	生产、经营用账册	记载资金的账簿。按实收资本和资本公积的合计金额5‰贴花。其他账簿按件贴花5元	立账簿人	
13. 权利、许可证照	包括政府部门发给的房屋产权证、工商营业执照、商标注册证、专利证、土地使用证	按件贴花5元	领受人	

应纳税额的计算

纳税人的应纳税额，根据应纳税凭证的性质，分别按比例税率或者定额税率计算，其计算公式如下：

应纳税额 = 应税凭证计税金额（或应税凭证件数）× 适用税率

在计算印花税的应纳税额时，应注意计税依据。印花税的计税依据为各种应税凭证上所记载的计税金额。具体规定如下。

（一）经济合同

各类经济合同，以合同上所记载的金额、收入或费用为计税依据。

【典型例题 8–6】2014 年 5 月，甲企业与乙企业签订一份产品销售合同，合同中载明了销售产品数量 1 000 件，未载明金额。经核定，该产品当期的市场价格为含税价117元/件，该产品适用17%的增值税税率。则：

甲企业应纳印花税 $=1\,000\times117\div1.17\times0.3‰$

$=30$（元）

乙企业应纳印花税 $=1\,000\times117\div1.17\times0.3‰$

$=30$（元）

（1）购销合同的计税依据为购销金额，不得作任何扣除，特别是调剂合同和易货合同，均应包括调剂、易货的全额。

在商品购销活动中，采用以货换货方式进行商品交易签订的合同，是反映既购又销双重经济行为的合同，对此，应按合同所载的购销合计金额计税贴花。合同未列明金额的，应按合同所载购销数量，依照国家牌价或者市场价格计算应纳税额。

【典型例题8-7】2014年4月，甲企业与乙企业签订了数份以货易货合同，以共计600 000元的钢材换取500 000元的水泥，甲企业取得差价100 000元。就该项经济业务而言，甲企业应缴纳的印花税是多少？

商品购销活动中，采用以货换货方式进行商品交易签订的合同，是反映既购又销双重经济行为的合同。对此，应按合同所载的购销合计金额计税贴花。

甲企业应纳印花税 $=(600\,000+500\,000)\times0.03\%$

$=330$（元）

（2）加工承揽合同的计税依据是加工或承揽收入的金额。

对于由受托方提供原材料的加工、定做合同，凡在合同中分别记载加工费金额和原材料金额的，应分别按“加工承揽合同”、“购销合同”计税，两项税额相加数，即为合同应贴印花；若合同中未分别记载，则应就全部金额依照加工承揽合同计税贴花。

对于由委托方提供主要材料或原料，受托方只提供辅助材料的加工合同，无论加工费和辅助材料金额是否分别记载，均以辅助材料与加工费的合计数，依照加工承揽合同计税贴花。对委托方提供的主要材料或原料金额不计税贴花。

【典型例题 8–8】甲企业受托为乙企业加工一批产品，乙企业提供原材料，金额为 60 万元，加工费为 20 万元，甲企业提供 3 万元的辅助材料。就该项业务而言，甲企业应缴纳的印花税是多少？

应纳印花税 =（200 000+30 000）× 0.5‰

=115（元）

【典型例题 8–9】2014 年 5 月，甲企业与丙企业签订加工承揽合同，受托加工一批专用电子部件。合同规定，甲企业提供价值 50 万元的原材料，并提供价值 10 万元的辅助材料，另收加工费 20 万元。就该项业务而言，甲企业应缴纳的印花税是多少？

应该注意的是，此时辅料和主料一起按照购销合同纳税。

应纳印花税 =（50+10）× 0.3‰ +20 × 0.5‰

=188+100

=288（元）

（3）建设工程勘察设计合同的计税依据为勘察、设计收取的费用（即勘察、设计收入）。

（4）建筑安装工程承包合同的计税依据为承包金额，**不得剔除任何费用**。如果施工单位将自己承包的建筑项目再分包或转包给其他施工单位，其所签订的分包或转包合同，仍应按所载金额另行贴花。

【典型例题 8–10】某建筑公司与甲企业签订一份建筑承包合同，

合同金额为1 000万元。施工期间，该建筑公司又将其中价值300万元的安装工程转包给乙企业，并签订转包合同。请问该建筑公司上述合同应缴纳的印花税是多少？

建筑承包合同中总包合同和分包合同都是需要贴花的。

应纳印花税 =（1 000+300）×0.3‰

=0.39（万元）

（5）财产租赁合同的计税依据为租赁金额（即租金收入）。经计算，税额不足1元的，按1元贴花。

【典型例题8-11】甲企业向某汽车运输公司租入5辆载重汽车，双方签订的合同规定，5辆载重汽车的总价值为200万元，租期3个月，每月租金为20 000元。则甲企业应缴纳的印花税是多少？

租赁合同以租赁金额为计税依据。

应纳印花税 =20 000×3×1‰

=60（元）

（6）货物运输合同。

货物运输合同的计税依据为取得的运输费金额（即运费收入），不包括所运货物的金额、装卸费和保险费等。如果同时有销售货物的，要单独计算纳税。

【典型例题8-12】某交通运输企业与某客户签订货物运输合同，合同载明货物价值500万元、运输费用30万元（含装卸费3万元，货物保险费2万元）。请问该运输企业应缴纳的印花税是多少？

应纳印花税 =（300 000−30 000−20 000）×0.5‰

=125（元）

（7）仓储保管合同的计税依据为收取的仓储保管费用。

甲企业和乙企业签订一份仓储保管合同，合同上注明货物金额500万元、保管费用3万元。请问甲企业应缴纳的印花税额是多少？

应纳税额 =30 000 × 1‰

=30（元）

【典型例题 8–13】甲企业和丙企业签订一份运输保管合同，合同上注明的费用为50万元，其中运费45万元、仓储保管5万元（分别注明）。请问甲企业应缴纳的印花税是多少？

因为合同中分别注明运输和保管两项金额，所以分别按0.5‰和1‰两种适用税率计税，然后相加贴花。

应纳税额 =450 000 × 0.5‰ +50 000 × 1‰

=275（万元）

（8）借款合同的计税依据为借款金额。针对实际借贷活动中不同的借款形式，税法规定了不同的计税方法：

①凡是一项信贷业务既签订借款合同，又一次或分次填开借据的，只以借款合同所载金额为计税依据计税贴花；凡是只填开借据并作为合同使用的，应以借据所载金额为计税依据计税贴花。

②借贷双方签订的流动资金周转性借款合同，一般按年（期）签订，规定最高限额，借款人在规定的期限和最高限额内随借随还。为避免加重借贷双方的负担，对这类合同只以其规定的最高限额为计税依据，在签订时贴花一次，在限额内随借随还不签订新合同的，不再另贴印花。

③对借款方以财产作抵押，从贷款方取得一定数量抵押贷款的合同，应按借款合同贴花；在借款方因无力偿还借款而将抵押财产转移给贷款方时，应再就双方书立的产权书据，按产权转移书据的有关规定计

税贴花。

④对银行及其他金融组织的融资租赁业务签订的融资租赁合同，应按合同所载租金总额，暂按借款合同计税。

⑤在贷款业务中，如果贷方系由若干银行组成的银团，银团各方均承担一定的贷款数额。借款合同由借款方与银团各方共同书立，各执一份合同正本。对这类合同借款方与贷款银团各方应分别在所执的合同正本上，按各自的借款金额计税贴花。

⑥在基本建设贷款中，如果按年度用款计划分年签订借款合同，在最后一年按总概算签订借款总合同，且总合同的借款金额包括各个分合同的借款金额的，对这类基建借款合同，应按分合同分别贴花，最后签订的总合同，只就借款总额扣除分合同借款金额后的余额计税贴花。

【典型例题 8-14】某钢铁公司与机械进出口公司签订购买价值 2 000 万元设备合同，为购买此设备向商业银行签订借款 2 000 万元的借款合同。后因故购销合同作废，改签融资租赁合同，租赁费为 1 000 万元。根据上述情况，该厂一共应缴纳的印花税是多少?

①购销合同应纳印花税 =2 000 万 ×0.3‰

=0.6（万元）

产生纳税义务后合同作废不能免税。

②借款合同应纳印花税 =2 000 万 ×0.05‰

=0.1（万元）

③融资租赁合同属于借款合同：

应纳印花税 =1 000 万 ×0.05‰ =0.05（万元）

（9）财产保险合同的计税依据为支付（收取）的保险费，不包括所保财产的金额。

（10）技术合同的计税依据为合同所载的价款、报酬或使用费。为了鼓励技术研究开发，对技术开发合同，只就合同所载的报酬金额计税，研究开发经费不作为计税依据。单对合同约定按研究开发经费一定比例作为报酬的，应按一定比例的报酬金额贴花。

【典型例题 8-15】甲企业与乙企业签订一份技术开发合同，记载金额共计 500 万元，其中研究开发费用为 100 万元。该合同甲、乙各持一份。请问甲企业应缴纳的印花税是多少？

应纳印花税 =（500–100）×0.3‰

=0.12（万元）

二、其他应税项目

（1）产权转移书据的计税依据为所载金额。

（2）营业账簿税目中记载资金的账簿的计税依据为“实收资本”与“资本公积”两项的合计金额。实收资本包括现金、实物、无形资产和材料物资。现金按实际收到或存入纳税人开户银行的金额确定。实物是指房屋、机器等，按评估确认的价值或者合同、协议约定的价格确定。无形资产和材料物资，按评估确认的价值确定。

资本公积包括接受捐赠、法定财产重估增值、资本折算差额、资本溢价等。如果是实物捐赠，则按同类资产的市场价格或有关凭据确定。

其他账簿的计税依据为应税凭证件数。

（3）权利、许可证照的计税依据为应税凭证件数。

提示

（1）印花税征税范围中的各类凭证以“金额”、“收入”、“费用”作为计税依据，应当全额计税，不得作任何扣除。

（2）同一凭证，载有两个或两个以上经济事项而适用不同税目税率，如分别记载金额的，应分别计算应纳税额，相加后按合计税额贴花；如未分别记载金额的，按税率高的计税贴花。

（3）按金额比例贴花的应税凭证，未标明金额的，应按照凭证所载数量及国家牌价计算金额；没有国家牌价的，按市场价格计算金额，然后按规定税率计算应纳税额。

（4）应税凭证所载金额为外国货币的，应按照凭证书立当日国家外汇管理局公布的外汇牌价折合成人民币，然后计算应纳税额。

（5）应纳税额不足1角的，免纳印花税；1角以上的，其税额尾数不满5分的不计，满5分的按1角计算。

（6）有些合同，在签订时无法确定计税金额，如技术转让合同中的转让收入，是按销售收入的一定比例收取或是按实现利润分成的；财产租赁合同，只是规定了月（天）租金标准而无租赁期限的。对这类合同，可在签订时先按定额5元贴花，以后结算时再按实际金额计税，补贴印花。

（7）应税合同在签订时纳税义务即已产生，应计算应纳税额并贴花。所以，不论合同是否兑现或是否按期兑现，均应贴花。

对已履行并贴花的合同.所载金额与合同履行后实际结算金额不一致的，只要双方未修改合同金额，一般不再办理完税手续。

（8）对有经营收入的事业单位，凡属由国家财政拨付事业经费，实行差额预算管理的单位，其记载经营业务的账簿，按其他账簿定额贴花，不记载经营业务的账簿不贴花；凡属经费来源实行自收自支的单位，其营业账簿，应对记载资金的账梅和其他账簿分别计算应纳税额。

跨地区经营的分支机构使用的营业账簿，应由各分支机构于其所在地计算贴花。对上级单位核拨资金的分支机构，其记载资金的账簿按核拨的账面资金额计税贴花，其他账簿按定额贴花；对上级单位不核拨资金的分支机构，只就其他账簿按件定额贴花。为避免对同一资金重复计税贴花，上级单位记载资金的账簿，应按扣除拨给下属机构资金数额后的其余部分计税贴花。

（9）商品购销活动中，采用以货换货方式进行商品交易签订的合同，是反映既购又销双重经济行为的合同。对此，应按合同所载的购销合计金额计税贴花。合同未列明金额的，应按合同所载购销数量依照国家牌价或者市场价格计算应纳税额。

（10）施工单位将自己承包的建设项目，分包或者转包给其他施工单位所签订的分包合同或者转包合同，应按新的分包合同或转包合同所载金额计算应纳税额。这是因为印花税是一种具有行为税性质的凭证税，尽管总承包合同已依法计税贴花，但新的分包或转包合同是一种新的凭证，又发生了新的纳税义务。

（11）对国内各种形式的货物联运，凡在起运地统一结算全程运费的，应以全程运费作为计税依据，由起运地运费结算双方缴纳印花税；凡分程结算运费的，应以分程的运费作为计税依据，分别由办理运费结算的各方缴纳印花税。

对国际货运，凡由我国运输企业运输的，不论在我国境内、境外起运或中转分程运输，我国运输企业所持的一份运费结算凭证，均按本程运费计算应纳税额；托运方所持的一份运费结算凭证，按全程运费计算应纳税额。由外国运输企业运输进出口货物的，外国运输企业所持的一份运费结算凭证免纳印花税；托运方所持的一份运费结算凭证应缴纳印花税。国际货运运费结算凭证在国外办理的，应在凭证转回我国境内时按规定缴纳印花税。

（12）印花税票为有价证券，其票面金额以人民币为单位，分为1角、2角、5角、1元、2元、5元、10元、50元、100元九种。

【典型例题 8-16】某企业 2013 年 3 月开业，当年发生以下有关业务事项：领受房屋产权证、工商营业执照、土地使用证各 1 件；与其他企业订立转移专用技术使用权书据 1 份，所载金额 200 万元；订立产品购销合同 1 份，所载金额为 500 万元；订立借款合同 1 份，所载金额为 100 万元；企业记载资金的账簿，“实收资本”、“资本公积”为 800 万元；其他营业账簿 10 本。请计算该企业 2013 年应缴纳的印花税。

（1）企业领受权利、许可证照：

应纳印花税 =3 × 5

=15（元）

（2）企业订立产权转移书据：

应纳印花税 =2 000 000 × 0.5‰

=1 000（元）

（3）企业订立购销合同：

应纳印花税 =5 000 000 × 0.3‰

=1 500（元）

（4）企业订立借款合同：

应纳印花税 =1 000 000 × 0.05‰

=500（元）

（5）企业记载资金的账簿：

应纳印花税 =8 000 000 × 0.05‰

=4 000（元）

（6）企业其他营业账簿：

应纳印花税 =10 × 5

=50（元）

（7）2013 年企业应纳印花税：

应纳印花税 =15+1 000+1 500+500+4 000+50

=7 065（元）

纳税申报

（一）纳税申报方法

印花税的纳税办法，根据税额大小、贴花次数以及税收征收管理的需要，分别采用以下三种纳税办法。

1. 自行贴花办法

这种办法，一般适用于应税凭证较少或者贴花次数较少的纳税人。纳税人书立、领受或者使用印花税法列举的应税凭证的同时，纳税义务即已产生，应当根据应纳税凭证的性质和适用的税目税率自行计算应纳税额，自行购买印花税票，自行一次贴足印花税票并加以注销或划销，纳税义务才算全部履行完毕。值得注意的是，纳税人购买了印花税票，支付了税款，同家就取得了财政收入。但就印花税来说，纳税人支付了税款并不等于已履行了纳税义务。纳税人必须自行贴花并注销或划销，这样才算完整地完成了纳税义务。这也就是通常所说的“三自”纳税办法。

对已贴花的凭证，修改后所载金额增加的，其增加部分应当补贴印花税票。凡多贴印花税票者，不得申请退税或者抵用。

2. 汇贴或汇缴办法

这种办法，一般适用于应纳税额较大或者贴花次数频繁的纳税人。一份凭证应纳税额超过 500 元的，应向当地税务机关申请填写缴款书或者完税证，将其中一联贴在凭证上或者由税务机关在凭证上加注完税标记代替贴花。这就是通常所说的“汇贴”办法。

同一种类应纳税凭证需频繁贴花的，纳税人可以根据实际情况自行决定是否采用按期汇总缴纳印花税的方式，汇总缴纳的期限为1个月。采用按期汇总缴纳方式的纳税人应事先告知主管税务机关。缴纳方式一经选定，1年内不得改变。主管税务机关接到纳税人要求按期汇总缴纳印花税的告知后，应及时登记，制定相应的管理办法，防止出现管理漏洞。对采用按期汇总缴纳方式缴纳印花税的纳税人，应加强日常监督、检查。

实行印花税按期汇总缴纳的单位，对征税凭证和免税凭证汇总时，凡分别汇总的。按本期征税凭证的汇总金额计算缴纳印花税；凡确属不能分别汇总的，应按本期全部凭证的实际汇总金额计算缴纳印花税。

凡汇总缴纳印花税的凭证，应加注税务机关指定的汇缴戳记、编号并装订成册后，将已贴印花或者缴款书的一联黏附册后，盖章注销，保存备查。

经税务机关核准，持有代售许可证的代售户，代售印花税票取得的税款须专户存储。并按照规定的期限，向吁地税务机关结报，或者填开专用缴款书直接向银行撤纳，不得逾期不缴或者挪作他用。代售户领存的印花税票及所售印花税票的税款，如有损失，应负责赔偿。

3. 委托代征办法

这一办法主要是通过税务机关的委托，经由发放或者办理应纳税凭证的单位代为征收印花税税款。税务机关应与代征单位签订代征委托书。所谓发放或者办理应纳税凭证的单位，是指发放权利、许可证照的单位和办理凭证的鉴证、公证及其他有关事项的单位。如按照印花税法规定，工商行政管理机关核发各类营业执照和商标注册证的同时，负责代售印花税票，征收印花税税款，并监督领受单位或个人负责贴花。税务机关委托工商行政管理机关代售印花税票，按代售金额 5% 的比例支付代售手续费。

印花税法规定，发放或者办理应纳税凭证的单位，负有监督纳税人依法纳税的义务，具体是指对以下纳税事项的监督：

（1）应纳税凭证是否已粘贴印花。

（2）粘贴的印花是否足额。

（3）粘贴的印花是否按规定注销。

对未完成以上纳税手续的，应督促纳税人当场完成。

（二）纳税环节

印花税应当在书立或领受时贴花。具体是指在合同签订时、账簿启用时和证照领受时贴花。如果合同是在国外签订，并且不便在国外贴花的，应在将合同带入境时办理贴花纳税手续。

（三）纳税地点

印花税一般实行就地纳税。对于全国性商品物资订货会（包括展销会、交易会等）上所签订合同应纳的印花税，由纳税人因其所在地后及时办理贴花完税手续；对地方主办、不涉及省际关系的订货会、展销会上所签合同的印花税，其纳税地点由各省、自治区、直辖市人民政府自行确定。